RITA'S GARTEN

한때 내게 삶이었던

안리타

RITA'S GARTEN

한때 내게 삶이었던

꽃이 떨어진다. 꽃잎의 발자국을 따라 향기가 떠오른다.
완전한 하나로 피었었던 나의 한때가 떠오른다.
내게 삶이었던 것들이 완전히 시들어 버리지는 않았음을
상기한다.

봄볕 아래, 떨어지는 꽃과 꽃 사이에도, 이제 막 문턱을 넘은
시간이 있고, 혼자만 들어가야 하는 기억이 있고,
그 누구도 함께 갈 수 없는 과거가 있다.

꽃이 피는 봄이면 나는 자주 꽃향기에 걸려 넘어지고,
추억에 빠지다가, 가던 길을 멈춰 뒤돌아보게 된다.
꽃 지기 전에는 길을 돌아 나와야 한다.

꽃들이 여기저기 흩날리는 계절에는.

2022. 04. 11

문득 길을 걷다가 바람이 불고, 꽃향기가 코끝을 스치면,
나는 한 페이지의 추억이 떠올라 한참을 멈춰 읽게 된다.

오래된 장면 속에는 넘기지 못하는 계절이 살고,
영원히 늙지 않는 여인이 산다.
여전히 피고 지며 움트는 마음을 가꾸며 산다.

그날을 이야기해야겠다. 한때 내게 삶이었던 날들을,
내가 속했던 계절을, 이름도 꽃말도 없던 그날의 정원을.
오래도록 혼자였기에 더 애틋한 날들을.

믿고 싶은 것이 아직 있을 때, 두 눈을 감는다. 살리고 싶은 마음이 있을 때, 간절한 기도처럼, 과거로 돌아가겠다는 결기처럼. 눈을 감는다는 것은 불가능한 가능으로부터의 미약한 희망과 같다.

거기엔 흑백으로 현상된 장면들. 더 이상 움직이지 않는 사람들을 헤치다 보면 어떤 장면은 여전히 꿈틀거리며, 어떤 노을은 마지막 빛을 곳곳에 묻힌 흔적이 아직 남아있으며, 어떤 사람은 어느 깊은 곳에서 미약한 목소리로 아직 생존을 다 하고 있음을 알린다.

점차 휘어지는 석양빛처럼 생은 점차 빨리 넘어지는데, 바라보는 세계보다 담아내는 세계가 더 커질 때, 나는 휘어진 채로 뒷짐 지고 안으로 안으로 마중을 나가는 일이 많아지는 것이다.

나이가 들면 자꾸만 몸이 과거로 기울어져요.
근데, 그 힘으로 살아요.

그날의 정원은 어디에 있을까

01

*차양을 때리는 빗줄기의 노래를 듣는 초우였다. 마치 세고비아의 통기타 연주를 듣는 듯했다. 누군가 흘리다 만 독백처럼 비가 내렸다. 적막의 시간과 함께 어느 풀잎 아래서 비를 피해 있었던 풀벌레 하나가 다음의 노래를 이어갈 듯하다. 나는 가만히 눈을 감고 눈을 뜬다. (눈을 감고도 눈을 뜰 수가 있다) 눈꺼풀을 덮으면 내 집은 서서히 자전하며 시차를 과거로 돌려놓는다.

계족산 아래엔 몇 채의 집이 옹기종기 모여 있었다. 그중에 내가 살던 집은 마을의 가장 안쪽에 있었다. 섬진강이 여울지며 흐르는 물목에 가까웠다. 어스름이 오면 강가에 가 있곤 했다. 나는 터벅터벅 강변을 걸어 쇠비름이나 쑥 따위로 뒤덮인 폭신한 풀 등에 앉아 노래를 부르거나 가만히 앉아 있다 오곤 했다.

산에서부터 대문 앞까지 자욱이 차오르며 밀려오는 안개, 안개보다는 굵고 이슬비보다는 가는, 길섶을 터벅터벅 밟으며 걸어오는 는개비, 그때의 것과 똑같은 촉감과 온도를 느낄 때 나는 시간과 공간을 생략한 채 한껏 젖은 과거가 되어도 좋다.

그날의 정원은 어디에 있을까. 갈 수도 없는 그곳, 어디에서 나 없이도 생계를 꾸려나가는 걸까. 그날의 시간이 희미해질 때마다 약간의 아련한 향수에 잠기기도 한다. 나만 알았던, 나만 애썼던, 나만 살았으며 침묵과 함께 오랫동안 나만의 비밀이었던, 여전히 내면의 귀퉁이에서 맥동하고, 젖은 회상 위로 촉촉하게 빛나고 있는.

비가 내리거나, 어떤 계절의 온도가 살갗에 닿을 때, 혹은 산책하다가 일순간 어떤 풀 내음을 맡을 때, 감관은 재빠르게 아득한 과거의 통로를 지나 한 장면 앞에 데려다 놓는다. 여전히 눈을 감으면 나는 거기에 있고, 그 속에서 땀을 흘리던 내가 있고, 울었던 내가, 가만히 부는 바람을 맛보던 내가, 꽃향기에 취한 내가, 휘파람을 부르던 내가, 빗소리를 듣는 내가 있었다. 나는 오래 이날을 잊지 않고 살아갈 것이다. 그때의 기억, 기억이라기보다는 각인된 시간은 지면의 한 켠에서 영원히 독립적인 세계를 일구며 살아갈 것이다.

*⟨리타의 정원⟩ 중에서

가끔 그날의 정원을 떠올린다. 길을 걷거나 산책하다가도 혹은 작업을 하다가도, 어딘가에 무엇을 두고 온 것만 같을 때, 곰곰이 생각에 잠기다가 그러다 언젠가 앞마당의 잡초를 캐다가 잃어버린 낫을 기억해 내곤 한다. 장마가 그치고 계절이 바뀌어 자라난 풀들 사이에 도무지 찾을 수 없었던 낫을. 그것을 찾지 못한 채로 어쩌다 보니 나는 시간에 떠밀려 다시 도시에 와 살게 되었다. 이제 더 이상 풀을 베지 않아도 되고, 뙤약볕 아래 이마에 몽글몽글 맺힌 땀방울을 닦지 않아도 되고, 반듯하고 쾌적한 도시에서 편하게 글을 쓸 수도 있지만, 가끔은 그날의 낫을 생각한다. 그것을 어디에 놓고 온 것일까.

제 몫을 다하다 사라진 것이 어디선가 영원히 잡풀을 베고 있을 것 같다. 옆집 담벼락을 넘다가 뒤엉켜버린 칡넝쿨과 환삼덩굴, 그 질긴 것들과 여전히 줄다리기하고 있을 여인이 삶을 줄줄이 캐다가 자주 넘어지곤 했던, 아무도 찾아오지 않으며 그리하여 영원히 시간이 멈춰있던 어느 정원에서 여전히 아침마다 무언가 하고 있다고 믿게 되는. 통째로 베어진 그날의 정원은 이제 어디에 있을까. 나는 없어진 것들이 어디선가 모여 나를 가꾸고 있다는 생각이 자꾸 든다.

여기 없는 것들이 업무를 계속하는 중이라는 예감이 든다. 요즘도 작업을 하다가 허리가 아파져 올 때, 일어나 굳은 몸을 펴다가 문득 그날을 떠올린다. 잃어버린 푸른 정원을 떠올린다. 나는 여전히 혼자만의 시간 속에서 무언가 솎아 내는 일을 하는구나, 웃자란 마음과 돋아난 그리움을 꺾으며 마음속에 아직도 어떤 정원을 가꾸는 중이구나. 지면을 마주하면 몸이 자꾸만 휘어지는데 그렇게 나는 펜을 쥐고 지금도 무언가에 기대어 이 삶을 지속하고 있구나. 하고 말이다.

일상의 틈을 비집고 들어온 푸른 기억은 나를 다시금 회상에 잠기게 한다. 언젠가 한 번 잃어버린 그날을 이야기하고 싶다.

마당의 높고 질긴 잡초를 뽑다가 미풍의 바람결에 머리칼을 넘기며 하늘을 한 번씩 바라보던 그날을, 의자에 앉아 봄의 온기를 느끼던 그날을, 바람과 함께 도착한 새들이 푸드덕거리고, 슬며시 눈을 떠보면 자두나무 가지에 열린 태양 빛이, 오후의 농익은 석양이 눈가를 반짝이며 물들이고 있던 그날을.

여전히 눈을 감으면 나는 거기에 있고, 그 속에서 땀을 흘리던 내가 있고, 울었던 내가, 가만히 부는 바람을 맛보던 내가, 꽃향기에 취한 내가, 휘파람을 부르던 내가, 빗소리를 듣는 내가 있었다.

리타의 정원

02

돌아보면 언제나 혼자였던 풍경들. 말없이 걷다가 옆 사람까지 밀어 넣었던 거리. 한 번 걸으면 영영 떠올리게 된다는 길목. 아끼고 아껴 놓았다가 다음번에 꼭 다정한 사람과 와야겠다고 다짐했지만, 그런 일은 아직도 일어나지 않았고, 언제나 혼자였으므로 당당히 갈 수 없었던. 이제는 내가 가지 않아도 거기 나보다 더 잘 살고 있을 것 같은 장면들. 잃어버린 시간을 다시 찾아야지 하고 마음먹어보는 것이다.

어떤 사람은 떠나는 것에 많은 용기가 필요하다. 떠나온 날들의 시간이 떠나갈 날들의 시간보다 더 커지게 되면 가려는 몸짓보다 뒤돌아보려는 마음이 더 커지기 때문이다.

가까이 다가가는 것보다 멀리 밀어두는 것은 더 마음을 쓰는 방식이라는 것을 알고 난 이후부터, 그리움이 훼손되지 않게 지켜주는 것도 하나의 여행이 될 수 있다는 것을 아는 슬픈 사람이 되어버린 날부터, 그리고 나는 알게 되었다. 애틋함마저도 삶을 사랑하는 방식이라는 것을. 실은 그리움의 힘으로 남은 생의 시간을 살아간다는 것을.

구례는 친인척이 있거나 알고 있던 지역이 아니었다. 오래전부터 막연히 동경해오던 꿈이 하나 있었는데 수풀과 나무에 둘러싸여 잘 보이지 않는 외딴곳에 있는 비밀스러운 집에서 평생 작은 정원을 돌보며 사는 것이었다.

종종 정원에 앉아 계절마다 피어나는 꽃을 둘러보는 상상을 해보곤 했다. 인도의 아쉬람처럼 고요하고 성스러운 명상의 장소라면 더 좋았다. 은은한 감잎차를 자주 마셨던 탓에 언젠가 내가 살게 될 곳의 마당에는 아름드리 감나무가 여러 그루 있었으면 좋겠다는 생각도 했다. 나는 거주했던 독일에서의 우중충한 삶을 끝내고 귀국하게 된다면, 가장 한국적인 자연을 벗 삼아 평생 소박한 나의 정원을 가꾸기로 마음을 먹었던 것이다.

한국에 돌아오기 전, 인도를 여행했던 당시 (이 이야기는 다른 책에서 하게 되겠지만) 수행했던 지역인 보드가야를 떠나 네팔로 향하기 위해 짐을 꾸리고 있었다. 오랜 기간 머물렀던 한국 절에서 마지막 만찬을 가진 후 이동하는 차를 기다리며 동고동락했던 사람들과 작별 인사를 나눌 때, 그때 이곳에 막 도착한 범상치 않은 여인과 간단히 인사를 나누게 되었다. 신기하게도 그 일각의 짧은 순간 우리 사이에 인상 깊은 사건 하나가 생겼고, 그냥 헤어지기는 아쉬워 그녀의 이메일 주소 하나를 받아쓴 채 나는 목적대로 긴 여행을 이어 나갔다. 인도에서부터 몇 개국을 더 떠돌다가 여러 해가 흐른 후, 드디어 당시 거주지였던 독일에서 한국으로 완전히 귀국하게 되었다. 한국의 현실은 모든 여행의 기억을 앗아갈 만큼 정신없이 분주했고, 삶의 갈증도 다시금 증폭되고 있었다. 그러던 어느 날, 여행지에서 들고 다니던 수첩을 다시금 펼쳐보다가 거기에 적혀 있는 그녀의 메일 주소를 발견했고, 산에 산다는 그녀를 한번 보고 싶은 마음에 연락이 닿아 방문하기로 했다. (그녀의 이야기는 뒤에 또 하게 될 것 같다)

구례는 처음 와보았지만, 도착하자마자 고향처럼 아늑하여 알 수 없는 품에 안긴 기분이 들었다. 내가 살았던 차갑고 냉랭한 독일, 잿빛 도시인 서울과 달리 이곳은 사방을 둘러싼 산맥의 황금 둥지 속으로 볕이 내려와 따스한 온기를 품고 있었다. 낮게는 온유한 섬진강이 부드러운 굴곡과 함께 마을을 관통하여 흐르고 있었다. 코끝과 폐부 깊숙이 닿는 녹음의 싱그러움과 함께 나를 반겨주는 이 지역의 풍광에 나는 어느새 완전히 취해 있었고, 마치 여기 살아야 하는 운명인 듯 어떤 강렬한 신호를 감지했다. 마을을 한 바퀴 돌고 나서는 이상하게도 더더욱 이곳에서 살게 될 거라는 예감이 확신으로 변해가고 있었다. 나는 발목을 붙잡고 놓아주지 않는 지역 특유의 알 수 없는 기운에 장악되어 결국 그날, 다시는 도심으로 올라가지 않기로 마음먹은 것이다.

그렇게 며칠 동안 나는 집을 알아보기 위해 이곳 부동산 업자를 따라다니며 마을의 곳곳을 익혔다. 어떤 집은 넝쿨과 키만 한 잡풀이 점령한 폐가였고, 어떤 집은 앞뜰의 큰키나무가 깊은 그림자를 드리워 컴컴했다. 사람이 오래 살지 않는 몇몇 빈집은 을씨년스럽고 음산했으며, 혼자 살기 위험해 보였다. 어떤 집은 높은 산중 계곡 가의 낡은 흙집이었고, 어떤 집은 언덕 위의 멋진 전경에 꽃들이 가득한 그림 같은 집이었지만, 내가 살 수 없는 비싼 조건의 매물이었으며 왠지 매력적으로 확 끌리지는 않았다. 집은 마치 첫눈에 반한 상대를 만나듯 마음이 딱 동하는 인연이 있다고 하는데, 아무리 샅샅이 뒤져도 그런 집은 없어 보였다.
온종일 마을을 돌고 기차역 근처에 다다라서야 내가 지낼만한 곳이 더는 없음에 다소 아쉬웠다. 인연이 아니었나 보다. 하는 생각과 함께 서서히 마음을 단념하려던 찰나, 업자는 그 순간 기억이 났는지 마지막으로 한 집만 더 보여주겠다고 말했다. 이 근처에 있어서 보여주긴 하는데 아마 아가씨 혼자 집을 가꾸고 살기에는 적절해 보이지는 않지만, 이왕 여기까지 온 거 한번 보고는 가자고 말하는 것이다. 나는 아무런 기대도 하지 않고 그를 따라갔다.

돌담 너머 작은 집들이 옹기종기 모여 있는 마을을 지나 섬진강 변에 다다라서야 그는 주소지를 다시 한번 확인하고는 허름한 기와집과 황토집 담벼락 사이의 좁은 통로로 나를 데리고 가더니 안쪽에 있는 낡은 나무 대문을 가리켰다. 그때 나는 마음에 이상한 미동이 일었고, 잠시 심장이 뛰었다. 여기, 여기가 내가 살아갈 곳이라는 직감이 이미 대문을 열기 전에 먼저 당도해 있었던 것이다. 그리고 그가 대문을 활짝 열었을 때, 꿈결 같았던, 언젠가 머릿속에서 한 번은 그려봤을 법한 그 집이 눈앞에 펼쳐졌다.

문을 열자 알 수 없는 녹음이 마중 나오듯 문밖으로 퍼져나왔다. 푸르고 탱탱한 동백꽃 나무와 아치를 만들며 늘어진 마가목이 문 앞에서 반겼다. 정면으로는 종려나무 두 그루가 당당히 집의 입구를 지키고 있었고, 마당은 감나무 수십 그루와 그 사이사이 모과나무, 매화나무, 대추나무, 보리수나무, 복숭아며 배나무가 군데군데 조화롭게 심겨 있었다. 마당은 꽤나 너른 편이었다. 잘 정돈된 잔디 정원이라기보다는 오래된 과실 수가 담장을 따라 심어져 있기에 마치 과수원에 들어선 것 같았고, 키 큰 나무가 많아 숲속에 홀로 동떨어진 것처럼 은밀하게 느껴졌다.

세상과 단절된 숲을 연상케 하는 이곳을 둘러보며 내가 살아갈 시간을 상상해 보았다. 오랜만에 어색하지 않은 미소가 나도 모르게 한껏 피어났다.

언제부터인지는 모르겠으나 생각해 보면 나는 아주 오래 전부터 막연히 시골에서 살고 싶다고 생각했었던 것 같다. 한 번도 살아본 적 없는, 아니, 본 적도 없는 시골. 신도시의 고층 아파트의 아스팔트 위로, 차가 쌩쌩 달리는 도로의 가장자리로 무거운 책가방을 메고 학교와 학원에 오가던 학창 시절. 나는 아침마다 허겁지겁 등교한 후, 똑같은 책상에 앉아 교과서만 바라보다가, 학교와 학원이 끝나면 과외 받고 늦은 밤 집에 들어와 새우잠을 자거나 눈치를 보며 밀린 숙제를 하다가 혼나 책상에 엎드려 몰래 울곤 했다.

친구들은 명절 때마다 종종 시골에 갔던 이야기를 들려주곤 했는데, 구들방에서 따뜻한 바닥에 이불을 덮고 할머니의 옛날이야기나 개구리 울음소리를 들으며 잠들었다는 그들의 경험담은 동화의 한 장면 같아서 나의 호기심을 강하게 자극했다.

되돌아보면 그 당시 또래 아이들처럼 개울가에서 친구들과 옷이 젖도록 물장구를 친다거나, 숲으로, 들로 잠자리채를 가지고 탐험한다거나 언덕 위를 맨발로 뛰어다닌다거나, 하늘의 별똥별을 보며 잠들던 아름다운 추억이 내게는 없다. 그런 기억은 어떤 것일까. 그런 추억을 지닌 채 살아간다는 건 어떤 느낌일까. 나는 종종 그런 것이 궁금했다. 단 한 번도 내가 살아본 적 없는 그 무엇 말이다.

학창 시절, 칼 세이건의 코스모스 책을 구해와 수학 시간에 몰래 읽다가 들켜 선생님에게 크게 혼이 났다거나 새벽녘 별똥별을 보기 위해 일탈을 시도하다 들켜 집에서 체벌 받았던 그런 기억은 셀 수 없이 많다. 학교, 학원, 과외 그리고 회초리와 숙제, 문제집과 무거운 가방, 시멘트 건물들, 아파트만 가득한 집들뿐인 곳에서 상상력을 자극할 만한 그 무엇과도 차단된 채 성장했던 까닭에 나는 어둡고 시시한 학생이 되어갔다.
그리하여 나는 성장통과 함께 마음의 잿빛 도시를 걸으며 늘 헤매는 기분이 들었다. '이 삶은 어디로 가는 것인가. 어디서부터 무엇이 잘못된 것인가.' 내가 모르는 물음이 걸음마다 늘 뒤따랐지만, 이 커다란 도심의 어디에도 물어볼 곳은 없었다.

'누군가가 행복해.라고 말할 때, 그러니까 행복이라는 것은 무엇일까.' 하지만 나는 나에게 없는 것들을 떠올릴 수 없었고 그 느낌이 늘 궁금했다. 나를 키워내던 어른들은 왜 내게 단 한 번도 그것을 말해주지 않았을까. '그들은 내게 무엇을 가르치고 싶었던 것일까. 그들은 어떤 행복을 꿈꾸는 것일까.' 알 수 없었다.
'우리는 무엇을 위한 삶을 살아가는 것일까.'

비좁은 책상에 앉아 시험 문제를 풀도록 다그치지 않고, 차라리 망원경을 선물하며 하늘의 별자리를 보라고 하는 어른을 만났으면 나는 어떻게 달라졌을까. 떠올려보면 나는 작은 것에 관심이 많았고, 사소한 것에 의미를 두는 누구보다도 기민하고 호기심이 많은 아이였지만, 어른들은 유별난 나를 종일 나무라기 바빴고, 슬프게도 어디에서도 칭찬을 들어본 기억이 없다. 그리하여 나는 예견된 미래로, 당연한 수순대로 어른들의 기대치와 달리 어그러진 모습으로 성장해가기 시작했다.

사춘기는 혹독하게 찾아왔다. 어른들만큼 몸집이 커지면서부터 본격적으로 내 몸에 엉겨 붙어 놓아주지 않는 이 모든 환경으로부터, 불행으로부터 나는 몸부림치고 대항하기 시작했다. 지구 한 바퀴를 돌아 안 가본 길이 없을 만큼 있는 힘껏 도망쳤다. 아무리 걸어도 더 이상 갈 곳 없는 지구에, 우주의 그 끝에, 아니 끝도 없이 다시 시작되는 이 삶이라는 쳇바퀴 속에서 묻고 또 물었다. '세상의 그 끝에 닿으면 행복이 있을까. 내가 찾고자 하는 그 무엇이 있을까.' 여전히 아무것도 알 수 없었다. '이 삶을 어디서부터 어떻게 풀어나가야 하는가.' 나는 어느 순간부터 존재의 허무함을 깊이 느꼈고 서서히 표정을 잃어가기 시작했다.

세상이 물리적으로 정해놓은 시간과 규범에 늘 벗어나 있었기에 당연히 속세의 사람들에게는 내가 더더욱 이상한 사람으로 보였겠지만, 나는 늘 모든 것이 의아했다. 왜,라는 의문을 함께 짊어져야 했다. 그러니까 '왜 그것을 해야 하는 것이지?' '나 아니어도 충분한데 왜 모두는 똑같은 방향, 똑같은 모습의 삶을 취하도록 강요하는 것이지?' '아무도 설명할 수 없음에도 우리는 왜 남들과 똑같이 살아가야 하는 걸까.' 이유를 찾지 못한 것, 머리가 마음을 이해시키지 못하는 것들에 대해서는 아무것도 할 수 없었다. 도시에서의 경쟁에 가까운 삶은 나를 만족시키지 못했다. 그리하여 나는 모두가 향하는 방향이 아닌 언제나 저 반대편, 아무도 관심 갖지 않는 미지에 홀로 닿아 있었다.

나는 늘 혼자였다. 혼자임이 너무 익숙한 나머지 언제부터였나, 아마도 꽤 어렸을 때부터 늘 인간에 대한 염증과 함께 외로움과 저항을 동반자로 여겼다. 아무도 인정하지 않는 한 인간으로서 고군분투하며 나의 존재를 인정하고 온전히 자신을 믿기까지, 나 홀로 질문하고 대답하며 오랜 시간을 소모했다. 그러다 한 번씩 나약해질 때마다 처량하게 울기도 했지만, 어떤 영문인지 나는 나조차 지독한 고집을 꺾지는 못했다. 궁금한 것과 하고 싶은 것이 있으면 그것을 꼭 하고 봐야 했다. 내가 가는 길이 벼랑 끝이라고 모두가 발목을 잡더라도, 나는 지푸라기를 잡는 심정으로 그 끝에 서 봐야 했다.

언제부터인가 나는 어른이 된다면 타인의 의지로 살아가는 것이 아니라 온전히 내 의지로만 삶을 결정할 것이라고 다짐했다. 누구의 의사도 고려하거나 받아들이지 않을 것이며 내가 원하는 것, 내가 추구하는 그것만을 위해서만 살겠다고 말이다.

그리하여 나는 나를 둘러싼 모든 것으로부터 완전히 떠나 새로운 삶을 시작하고자 부단히 애썼다. 그럴수록 점점 더 나를 둘러싼 많은 환경과 대적할 수밖에 없었다. 기대에 부응하지 못한 사람들을 설득해야 했고, 안쓰러워하는 친구들의 시선도 감당해야 했으며 불가피할 경우는 복잡한 실타래로 뒤엉켜 있는 연을 끊어낼 각오도 마다하지 않아야 했다. 한 인생을 스스로 결정하기까지는 이토록 너무 많은 장애물을 넘어야 한다. 삶이라는 광기가 내 안에서 똬리를 틀며 몸부림칠 때마다 귀 기울여 듣고자 했다. 나를 이끄는 그것을 살아보고 싶었다. 나에게 다가온 시간과 공간이 어떻게 운명과 충돌하며 나아가는지 지켜보며 판단보다는 직감을 따르고, 그것을 거역하지 않기로 했다. 그리하여 이후의 삶이 어떻게 전개되는지 처음 가본 시간과 공간에 나를 자유로이 작용하도록 지켜볼 예정이었다. 삶의 정답은 없으며 이 삶은 오로지 나만의 것 아닌가. 나는 점차 한 시절을 또래의 이들과는 조금 다르게 성장하기 시작했다. 이 모든 반항은 어쩌면 내가 모르는 단어, 나에게 없는 것에 대한 갈망, 너무 먼 꿈에 대한 갈증으로부터 시작된 것이다.

내가 가고자 하는 곳은 모두의 선망 대상이 아닌, 아무도 관심 갖지 않는 외딴곳이었다. 그렇게 다시금 새 삶을 꾸릴

곳은 무수히 떠돌던 해외도 아니고 익숙한 도시도 아니었으며 연고지도 아니고 아무도 모르는, 척박한 시골이었다.

자유로운 영혼이 되어 새 삶을 살고자 하는 의지는 오랫동안 이루지 못한 꿈이며 동경의 장소인 이곳 미지로 나를 이끌었다. 그리고 나는 세상일을 잊은 채 작고 소박한 나의 정원을 가꾸며 살기 시작한 것이다.

아무도 방해할 수 없는 완전한 시간 속에서, 완전한 고통과 가난 속에서, 그보다 더 완전한 고독과 외로움 속에서, 절박하고 간절하여 너무나 온전한 아름다움 속에서 단 한 번 인생이 활짝 피었던 그날을 떠올린다. 지금의 내가 되기 위한 시작이었던 여정 말이다.

가난한 낙원엔, 못생긴 행복이 살기도 했다

03

*나는 한때 농부였다. 감 농사짓고 살았다. 매일 아침 5시에 일어나 해뜨기 전까지 키가 한 뼘씩 자라는 잡초를 뽑고 낫질하던, 감나무 전지하고 나서 낮잠을 자고 일어나 가만히 하루가 저무는 광경만을 지켜보던, 가지나 감자, 호박 고추, 머위나 산나물을 재배하며 하루치 식량을 해결하던, 마을 어르신들 따라가 양봉하고 꿀단지 한 병씩 얻어오곤 하던, 울력을 다 하고 따뜻한 밥 한 공기 얻어먹던 나는, 더 바랄 게 없는 시간을 살기도 했다.

늘 이맘때쯤이면 이른 새벽마다 호랑지빠귀가 봄의 문을 삐걱삐걱 여는 소리를 들으며 깨어났다. 나는 봄의 시작을 알리는 새소리도 반갑고, 그 소리를 듣고 기지개를 피우던 동백꽃 무리도 설렌다.

마실을 다녀오면 먼발치에서 천리향이 아득히 나를 마중했다. 조금 있으면 내가 제일 좋아하는 명자꽃 춤을 볼 수 있을 것이다. 그러면 한껏 달아오른 마음은 이미 봄이다.

여기선 느낄 수 없지만, 볼 수 있다. 보이지 않아도 황금 새싹이 움트던 푸른 정원은 내 가슴속에 여전히 봄을 준비하고 있으니까. 삶을 다하고 계절을 다하고 마음을 다하며 살았으니까.

*밤이면 둥근 달빛이 이불을 덮던 지리산, 고요한 신월리 마을에는 섬진강이 흐른다. 때로는 도심의 분주한 일상을 마치고 돌아와 그날을 들추어보면, 잊었던 온갖 꽃 냄새며 풀 냄새가 진동했다. 마치 잘 지내고 있냐고. 밥은 먹고 다니냐고. 안부를 전하는 듯했다.

문득 길을 걷다가 바람이 불고, 꽃향기가 코끝을 스치면, 나는 한 페이지의 추억이 떠올라 한참을 멈춰 읽게 된다.

오래된 장면 속에는 넘기지 못하는 계절이 살고, 영원히 늙지 않는 여인이 산다. 여전히 피고 지며 움트는 마음을 가꾸며 산다.
그날을 이야기해야겠다. 한때는 내게 삶이었던 날들을, 내가 속했던 계절을, 이름도 꽃말도 없던 그날의 정원을.
오래도록 혼자였기에 더 애틋한 날들을.

**〈사라지는 살아지는〉 중에서

책마다 이전 책의 문장들을 자주 가져오곤 하는데, 각각의 단상과 사유들이 어떻게 연결고리를 가지며 하나의 삶으로 통합되었는지, 강조하고 싶어서이다. 글을 쓰며 무언가 반복하고 싶은 마음이 들 때, 일관된 신념을 드러내고 싶을 때, 이전의 글귀들을 옮겨오곤 한다.

허공으로 돋아난 나무줄기에서도 연둣빛 가지가 올라왔다. 그 끝에도 꽃봉오리가 밀려 나오고 있었다. 겨울잠 자던 지천의 식물들이 오래 벼르고 기다렸다는 듯 후회 없이 녹음을 뱉고 있었다. 그것을 보고 있으면 내게 계속 말을 거는 것 같았다. 나무와 나의 대화 사이로 새들이 끼어들기도 하고, 서로 한패가 되어 노래를 부르기도 했다. 이 곁에 바람이 그냥 지나칠 수는 없어서 우리는 박자에 맞춰 춤을 췄다. 우리 집 정원은 봄의 향연이 계속되는 무도회장 같았다. 봄의 세력이 기세등등한 나날이었다.

자연의 악장을 듣는다. 들리지 않음으로써 듣게 된다. 부르지 않음으로써 느끼게 된다. 이 고요와 평온이 얼마나 지상을 떨리게 하는지, 가만히 앉아 느껴보지 못하는 인간에게는 보이지도, 들리지도 않는 세상도 있다. 자연이 말을 걸면 나는 그들의 서사를 번역했다. 그사이 모란이 지고, 맞은편으로 작약꽃 무리가 기상을 준비했다. 명자꽃이 긴 잠에 들면, 옆에서 노란 장미의 꽃대가 나음 무대를 준비했다.

〈리타의 정원〉 중에서

내가 구한 집은 오래전 건축가가 지은 건물이라 일반 단독주택과는 구조가 조금 달랐다. 꽤 신경 써서 지은 벽돌집은 따로 손을 보지 않아도 될 만큼 관리가 잘되어 있었으며 삼면의 큰 창 덕분에 채광이 거실의 안쪽 부엌까지 깊이 들어왔고, 건물이 정원의 폭에 꼭 안겨있어 세상으로부터 아늑하게 보호받는 듯했다.

나는 이곳에 사는 동안 라디오도 없었고, TV도 없었으며 와이파이도 없었다. 모든 시간 외부에 연결되기보다는 나 자신의 마음과 의지로 살고자 했기에 마을 밖에서 벌어지는 일들에 대해서는 오랫동안 알지 못한 채 살아갔다. 간간이 도시에서 놀러 온 친구들은 바깥 세계로부터 몇 가지 소식을 전해주며 여행의 기분을 만끽하다가, 저녁이 되면 이내 참을 수 없는 심심함과 적막함에 초조한 눈빛을 띠며 하루를 못 버티고 올라가곤 했지만, 나는 하루에도 수십 번 변화하는 풍경을 바라보는 재미에 심심할 겨를이 없었다.

나는 자연과 비밀의 정원이 전부인 이곳에서 어느덧 제법 몸에 익힌 자연의 시간으로 나만의 규칙을 찾아 나갔다. 시간 때 별로 찾아오는 새무리들의 노닥거림을 관찰하거나 계절별로 피어나는 꽃들을 살피는 그런 일만으로도 시간이 제법 잘 흘러갔다.

*사철 우리 집 마당은 새들이 숨바꼭질하며 놀기 좋은 놀이터였다. 제 길 가던 나그네 바람도 나뭇가지에 매달려 한참을 놀다 가곤 했다.

이 정원은 살아 있는 생명의 모든 일터인 동시에 쉼터이기도 하였다. 나무는 따지 않는 열매가 많아 늘 새들로 가득 찼다. 동박새 무리가 마당의 씨알을 챙겨 물고 높은 단조로 아침을 깨우고 지나가면, 참새 떼가 찾아와 마른 지푸라기를 부지런히 찾았다. 길게 정좌한 지리산 능선을 앞에 두고 새 떼를 내려다보고 있는 구름도 있었다. 가만히 새들을 관찰하면 다다른 무리의 새 떼의 이동 경로나 방문 시간도 알 수 있었다. 갓 태어나 날개가 펴지지 않은 아기 새들이 어미를 따라 일렬로 걸으며 세상을 연습했고, 한철이 지나면 멋지게 활공해 돌아오곤 했다.
모든 풍경은 오로지 나만 아는 나만의 것이었고, 오로지 나를 위해 상영되는 극장이었다.

*⟨리타의 정원⟩ 중에서

키 큰 과실수가 담장을 만들며 이편을 외부로부터 늘 보호해 주고 있었고, 나는 계절마다 시시때때로 변화하는 풍경을 지켜보며 나를 방문해 준 것들과 날마다 반가운 안부를 나누었다. 한 무대의 관객이면서 동시에 주인공인 나는 이곳에서만큼은 눈치 보지 않았고, 용감해질 수 있었고, 이곳에서만큼은 세상을 나의 축으로 운용할 수 있었다. 그렇게 하루 한 편의 무대를 무탈하게 즐기며 나의 마음은 점차 안온해져 갔다. 이런 평온하고 견고한 품을 얼마나 그리워했던가. 그 무엇을 해도 용서가 되는 그런 장소 말이다. 이곳 자연은 내게 인간들보다도 더 따뜻하고 인간적이었다.

여기선 모두가 자연의 섭리에 따라 생존했다. 날씨와 계절의 일보다 중요한 것은 여기엔 없어 보였다.
이곳 모두는 오로지 하나의 일에만 몰두했고, 계절별로 하나의 일에 관한 대화만을 이어 나갔다.
식물을 바라보았을 때, 움직이지 않고 가만히 있는 듯하지만, 자연의 속도는 상상 이상이었다. 인간의 시간과 달리 빨라서 밤에 뜬 달빛에도 대지는 익어 푸른 생명을 쉴 새 없이 쏟아냈고, 모두가 잠든 밤에도 긴 가지 밖으로 가지를 내밀었다. 젖은 땅에서도 잡풀이 매일 한 뼘씩 키가 컸다. 꽃들은 아무도 못 본 사이 빼꼼히 꽃대를 올리고 있었다.

시골의 아침은 늘 분주했으며 몸이 부지런해야 했다. 옆집의 닭들은 새벽 4시면 시끄럽게 울기 시작했고, 마을 사람들은 이른 새벽녘 깨어나 마당을 점검하고, 오늘의 날씨를 점치기 위해 뒷짐을 지고 돌아다녔다. 절기마다 해야 할 일들이 있었기에 나는 마을의 논밭을 기웃거리며 어르신들의 농사일을 눈썰미 있게 흉내 내느라 오전부터 분주했다.

초봄에는 삽으로 흙을 뒤집어 땅심을 키우고 퇴비를 놓아 끌개로 고랑을 내어 파종했다. 그리고 한 해를 위한 과실수를 검사하고 전정했다. 춘분이면 마을 사람들은 밭에 쭈그리고 앉아 무언가를 심고 있었고, 나는 급히 물어보거나 모종을 얻어 감자나 고구마, 콩 따위를 따라 심었다. 봄 장터는 화단을 장식할 꽃이며, 씨앗이며, 모종들이 가득했다. 나는 가지, 오이, 토마토, 고추와 호박 등을 사 와서 미리 구상해 놓은 마당에 나란히 심고선 흠뻑 물을 주었다. 그러곤 성급한 마음에 마당에 자주 나가 작고 푸른 무언가 당장 올라오지 않을까 오래 바라보다 들어오곤 했다.

손을 타지 않는 머위, 토란은 빛이 들지 않는 뜰의 구석구석에서도 잘 자라났다.

해가 뜨기 전, 검은 하늘 사이로 청명한 빛이 한 줌 한 줌 섞이는 초여름 이른 6시나 7시에는 장화를 신고 마당에 나가 밭을 갈고 잡초를 솎아내거나, 예초기를 어깨에 메고 나가 풀을 베었다. 등줄기를 따라 땀이 비 오듯 흘러내렸지만, 고된 노동 끝에 이상하게도 정신은 개운하고 맑아진 기분이었다.

입추가 지나 수확 철이 되면 시골은 인력이 턱없이 부족해 동네 삼촌들이나 마을의 이장님을 따라 이곳저곳 울력을 다녔다. 일교차가 큰 처서부터 잎채소는 더 이상 자라지 않으며 사람들은 마른 깻잎을 털었다. 고추, 호박 등의 과실을 저장하고, 어느덧 찬 가을바람이 코끝에 맴돌면 키 높은 감나무에 사다리를 타고 올라가 온종일 마지막 남은 감을 땄다. 서리가 내리기 전에는 모든 감을 수확하고 월동준비를 해야 했다. 모두는 장작을 패, 창고의 처마 아래 쌓아 말려 두었다. 입동이 지나면 한파를 견디기 위해 집을 보수하고, 본격적으로 겨울이 찾아들면 긴긴 추위와 어둠의 시간을 각자의 방식으로 견디어 나갔다.

호미와 낫으로 잡풀을 뽑고, 밭을 일구거나, 크고 작은 들꽃을 돌보고 나면 상념에 빠질 일 없이 하루가 금방 지나갔다. 반복적인 노동을 통해, 한껏 몸을 써 땀을 낸 후의 바람 한 점과 차 한 잔은 내면의 모든 악운을 앗아가는 기분을 선사했다. 몸을 쓰는 일은 가만히 앉아 생각에 잠기는 것보다도 정신을 더 건강하게 했다. 농사가 제법 고되었기에 나는 육체적 한계를 이겨내며 두려움이 많은 자신을 극복해나가고자 했다. 몸을 쓰면 잡념을 할 겨를이 없었고, 불필요한 사고와 사념이 끼어들 자리가 없었다. 나는 어느덧 몸에 익힌 생활의 긴장감을 즐기며 일상을 탄력 있게 보내게 되었다.

바쁘고 중요한 수확 철을 제외하곤 이곳의 업무는 뜨거운 뙤약볕에 피부를 검게 그을리기 전, 그러니까 오전이면 다 끝이 났다. 그 이후의 시간은 온전한 자유의 시간이다. 마을의 노인들은 밭일을 마치고 각자의 집으로 돌아가 오수에 들거나 마을의 팽나무 그늘 아래 정자에 모여 소담을 나누기도 했지만, 나는 대문을 닫고 나만의 시간을 즐겼다. 노곤해진 몸으로 감나무가 보이는 창가에 앉아 차를 마시며 바깥을 바라보거나, 해 질 녘 노을이 산을 넘어가는 아름다운 하루치의 풍경을 감상할 때면 보람과 환희와 미열의 고독이 동시에 겹친, 말로 표현할 수 없는 마음의 황홀경을 느낄 수 있었다.

*가만히 명상하듯 자연 속에 녹아들어 매 순간 변화하는 그림들을 바라보고 있으면 사는 게 지루할 여념 없이 빠르게 변화하고 신비롭고 새로웠다.

*같은 자리에 앉아 같은 차를 마시며 내면하는 마음은 단 한 번도 같은 적이 없었다. 매 하루 새로이 태어나 본연의 일과를 다 하며 사시사철 변화하는 자연처럼 나도 차분하게 오늘을 살고 싶다.는 생각을 했다.

벤치에 앉아 짙어지는 어스름을 바라보는 순간, 왼쪽 뺨을 스친 바람이 오른쪽 뺨에 머무는 순간, 꽃잎이 무릎 위로 떨어진 순간, 나무 사이로 햇살이 따라오는 그 순간, 가지에 앉은 새들이 막 비상하는 순간, 그 순간의 열쇠는 꼭 닫은 내면의 자물쇠를 열어놓았다. 그렇게 가난한 낙원에도 못생긴 행복이 찾아들기도 했다.

**〈리타의 정원〉 중에서

무엇보다 시골을 동경했던 이유 중 하나는 자연을 좋아하기 때문인데, 자연을 좋아하는 이유에 대해서는 이미 오래 전부터 책들을 통해 누차 이야기를 했던 것 같다. 아마 내 책들을 여러 권 읽어본 사람이라면 나의 이런 삶의 여정을 이해하고 충분히 응원해 줄 것이라 믿는다.

언제부터였나. 내가 고통 속에서, 절대 고독 속에서 홀로 웅크리고 있을 때, 떠올려보면 내 곁에는 인간이 아니라 늘 자연뿐이었고, 나는 언제부디인가 그런 자연의 면모에서 인간들보다 더 따뜻한 위안을 받았다. 그러다 보니 자연에 속한 것들, 가령 놓치기 쉬운 작은 미물이나 길가의 작은 식물들에 애정을 가지게 된 것은 너무나 당연한 일이었는지도 모른다.

이곳 자연에는 나를 오랫동안 괴롭혀왔던 편견과 질투, 멸시와 욕망이 없다. 상처와 고통은 늘 인간의 몫이었고, 치유와 위로는 늘 자연의 몫이었다. 그리하여 인간으로 인한 복잡한 이해관계 속에서 상심과 회의를 느낄 때마다 나는 도심을 벗어나 좋아하는 장소, 그러니까 언제나 나를 타박하거나 응징하지 않는 자연을 찾았다.

✢

*어떤 어려움 곁에서도 자연은 늘 나에게 가만히 인내하며 자리를 내어줬다. 자연은 한 번도 나를 타박하지 않는다. 보채거나 판단하지 않는다. 걱정하지도 않는다. 등 돌리거나 멀어지지도 않는다. 언제나 혼란스러운 심경 속에서 외면하고 등진 것은 나였다. 다시금 힘들고 슬픈 시간이 찾아올 때 길을 걸으면 그 자리에 그대로 받아주는 자연이 있는 것이다.

그렇게 자연은 인간과 달리 어떤 강요도, 이해를 요구하지도 않은 채 관용을 베풀며 단지 곁에 가만히 있어 주었다. 한결같이 묵묵히 존재하는 것이 내겐 가장 큰 위로였다. 자연은 곁에서 펑펑 울어도 외면하지 않고, 고민을 털어놓더라도 나무라지 않으며, 비밀을 고백하더라도 소문나지 않는다.
자연은 그 존재 자체로 내게 너무 많은 말을 해주었고, 삶의 방향성과 지혜를 내게 끊임없이 들려주곤 했다. 그래서 나는 어느 순간부터는 맹목적으로 읽었던 무수한 책들을 집어 던지고, 늘 숲으로, 산으로, 들판으로 나가 자연의

*⟨리타의 정원⟩ 중에서

언어를 듣고자 했다. 인간의 관념과 철학, 사고와 의견, 고통과 슬픔은 인간 세상에 남겨둔 채 말이다. 그렇게 오래도록 자연을 벗 삼아 언제부터인가 나도 모르는 새 마음이 맑게 정화되었고, 그에 따른 신념과 확신이 생기기 시작했다. 자연은 내게 늘 이대로만 살아가라고 명령했다.

*꽃을 따라 앉아 본 날엔 가만히 가만히 나를 비워냈다. 꽃에 가까워진 어떤 날엔 그들의 경전을 받아 적는 일을 한다. 꽃 안에 앉은 날엔 햇볕이, 바람이 수맥을 타고 돌아 발끝까지 팽팽했다.

*애기똥풀이 자꾸만 허공을 탄다. 허공을 밟고 올라간다. 거기에 뭐 있나 궁금하여 손가락을 공중에 뻗고 있으면, 햇살이 손등을 탄다, 바람이 기어오른다, 이제, 나도 어떤 기분인지 알 것 같다.

언덕에 앉아 태양 빛을 받으며 눈을 감으면 따뜻한 전류가 혈관을 타고 맴돌았다. 주머니에 넣은 손을 허공에 쫙 펼쳐놓으면 햇볕이 손가락 사이로 간지러웠다. 그 사이사이

**〈모든 계절이 유서였다〉 중에서

미풍이 살결을 어우르며 떠나갔다. 그 옆에 작은 꽃들은 여린 바람에도 내 손끝처럼 부르르 떨었다. 그러면 나는 꽃의 기분을 실감하곤 했는데, 우리만 아는 어떤 동질감 속에서 그들을 애정의 눈빛으로 한 번씩 바라보다 보면 어느새 나는 '이 정도면 되었다.' '이 정도면 충분한 삶이다.' 하는 마음이 저절로 들면서 심장이 미세하게 떨려왔다. 이런 시간은 내게 치유와 동시에 놀이가 되었고, 일상이 되었고, 어느덧 가장 큰 부분을 차지하는 삶이 되었다.

이곳은 내가 좋아할 만한 것으로 가득했다. 인간이 쌓아 올린 높은 담을 타고 넘으며 가업을 이어 나가는, 눈치 없이 피어난 꽃들, 나뭇가지에서 술래잡기하는 미풍, 버림을 받고 다쳤음에도 낯선 이의 손길에 꼬리를 마구 흔드는 동물들의 천진난만함과 다정을 사랑하게 되었고, 뒷짐을 진 채 어슬렁거리는 텃새들, 새들의 경쾌한 노랫소리, 발치 앞에서 거리를 지켜주는 방식으로 아는 척하는 그 세심한 자연의 선과 화법을 좋아하게 되었다. 하루하루 제 몫의 것에만 충실하며 그것만이 전부인 것처럼 사는 모든 것들 말이다.
헐뜯고, 질투하고 슬퍼하는 인간의 일들은 인간의 과오로

내버려 둔 채, 나에게 이로움을 행하는 자연처럼 살고자 했다. 그리하여 나는 욕망이 전이된 인간의, 집단 사회의 통속적인 군상. 그러니까 그간 쌓아 올린 재능과 학벌, 이력, 무의한 목표와 성공 따위는 버리고 모두의 기대치와는 전혀 다른 삶을 지향하게 된 것이다.

*현실로 제한한 협소한 삶은 나에게 큰 작용을 하지 않는다. 나의 세상은 늘 이곳, 광대하고 드높은, 그러나 부드럽고 순한 풍경들 가까이에서 세상 모르게 지속해오고 있기 때문이다. 이곳은 안전하다. 이곳은 밝다. 이곳은 전쟁도, 싸움도 없다. 내가 만들어가고 있는 이 삶의 한복판에서 서서히 명징해지는 존재감을 느낄 때, 그리하여 현실에 없는 시간과 공간을 내 마음대로 확장해나갈 수 있을 때, 더 이상 시간도 공간도 필요 없는 어떠한 상태에 놓인다.

이토록 따뜻하고 온화한 장면에 속해 지난 시절, 나는 무엇이 이토록 나를 고통스럽게 했을까. 떠올려 본다.
그러면 아무것도 없다는 사실만을 마주하게 된다. 자연 속에 앉아 있으면 고통도 고통의 이유도 상실하고 마는 것이다.

*〈리타의 정원〉 중에서

감정은 오로지 인간의 일이고, 인간의 고민과 생각이 고통을 만든다는 사실이 명징해졌다. 갈대처럼 부는 바람에 함께 흔들리고, 식물들처럼 태양 볕 아래 광합성을 하며 긴 호흡을 하다 보면 오로지 존재감만을 느끼며 마음이 차분해지면서 지금, 이 순간 이보다 더 중요한 것은 없다는 마음이 들었고, 삶은 이게 전부인지도 모른다.라는 생각에 이르게 되었다.

*오늘 일도 모르고, 내일 일도 모른 채 모두가 그냥 존재하는 숲은 삶 없이도 잘 살아질 듯하다. 그들은 그 무엇 하나 내세우지 않으며 전체와 조화를 이루어 상생하고, 묵묵히 제 할 일만을 완수할 뿐이다. 그것이 얼마나 위대한 일인지, 얼마나 아름다운 일인지, 우리는 그것이 되어 보지 않고서는 모르는 것이다.

자연으로의 산책은 언제나 벅차다. 보이지 않고도 잘 보이는, 들리지 않고도 잘 들리는, 그 순간의 접경에서 자연은 나를 불러 세우고 제 심장을 열어 보여주는 것이다. 그리하여 곁에서 매번 가슴이 뛰는 것이다.

*⟨모든 계절이 유서였다⟩ 중에서

불립문자. 내게 세상을 가르쳐주는 것은 인간이 아닌, 늘 말 없는 것들이다, 살아서 온전히 자신만을 다 하는 그것들뿐이다.

*좌측 오봉 산자락에 깊은 밤이 내려앉았다. 능선 옆구리로 사성암 불빛이 켜지고, 그 뒤로 노고단 정상의 불빛 너머 수많은 별, 별 너머의 수많은 별, 사이로 달의 손톱이 예리하게 어둠을 벗기고 있었다. 완전한 적막 속에 놓여 있던 순간이 좋아서 고독과 외로움 따위는 내게 중요하지 않았다. 오랫동안 내 마음의 길을 인도하며 달래주는 것은 저것들뿐이었으니까.

지리산 산 능선 너머로 태양이 지나가면, 저 멀리 높은 암자에 불빛이 켜지고, 동네 좌담회를 하듯 한둘 별빛들이 찾아들었다. 나무에 달린 감들이 주광등처럼 은은하게 빛나고 있었다. 산을 막 넘어온 달빛이 이마 위로 착지하다가 마당에 미끄러져 내려와 환해진 밤이면 나는 오래전 친구들이 말했던 추억의 이야기들을 실감했다.
'이런 느낌이었구나. 이런 느낌을 간직했던 거구나.'

*《리타의 정원》 중에서

밤새 속삭이는 강물 소리 사이로 작은 풀벌레 소리, 개구리 울음소리를 오래 감상하다 보면 나 홀로 아름다운 동화 속을 몽유하는 기분이 들었다.

선선하고 미온한 밤, 옥상에 돗자리와 이불을 들고나와 누워 눈꺼풀 위에 가만히 식어가는 달빛을 느끼곤 했다. 어둠이 서서히 이곳까지 뿌리를 내리면 땅 아래로 내가 모르는 마음까지 맥동하는 소리가 들렸다. 태초의 소리, 투명한 고요가 신을 깨우던 소리.

나는 이 순간의 느낌을 각인하고자 했다. 오는 계절과 가는 계절이 서로를 스쳐 가는 장면과 그 사이사이 무릎을 굽힌 채 나를 향해 기도하고 떠나는 바람의 결을, 감은 눈 밖으로 이유 없이 따뜻한 눈물이 찔끔 나는, 모든 것을.

쓸 수 없는 문장들

04

황혼빛 석양, 빛 내림, 사력을 다하는 청량한 잎새들, 출처 모르는 바람 한 줄기, 눈가에 파고드는, 이 삶이라는 끈적한 촉감. 그 곁에서 심장이 동요하는 사실을 발견할 때, 나는 이상하게도 살아 있음을 느낀다.

나는 무한하고 투명하며 깊은 영혼의 욕정을 인간이 아닌 자연 속에서 강하게 느낀다. 알 수 없는 압도적 정기에 심장이 부풀어 오르며 내면에서부터 응집된 어떤 에너지가 확장되는 것을 느낀다. 이내 합일의 강한 흥분감에 파르르 떨게 된다. 그것은 입으로 표출되지 않으며 침묵의 더 깊은 지층으로부터 단단하게 솟아오른다. 발설하고자 하는 강한 몸부림. 그렇게 내려받은 심상을 나는 어쩔 줄 몰라 망설인다. 곧이어 이 느낌을 각인하고자 성급히 노트를 펼친다. 그러나 황홀감은 오로지 침묵 속에서만 유효하다.

표현에 대한 욕구는 어디서 나오는가, 여기 없는 것들의 지속적인 갈증은? 불가능에 대한 일말의 가능성일까, 자기애적이며 원초적 욕구일까, 미지의 육체로부터의 갈망일까? 인간의 어떤 내적 결핍일까?

나는 글을 씀으로써 그 무언가를 쟁취하려 재차 시도했다. 자아는 그것이 의지대로 작동되기를 바라며 사물의 고유한 상태를 가만히 놔두질 않는다. 공교롭게도 감각을 활자, 물성으로 대체하고자 하는 일말의 시도는 실패로 끝나고 말았다. 여전히 한 단어도 적지 못한 채, 감각의 영역에서 언어를 추상하며 애무를 할 뿐이다. 결코 도달할 수 없는 '꽃이라는 관념과 언어는 꽃을 닮지 않았다.'는 사실만 여기 이곳, 앙상한 나신으로 맞닥뜨릴 뿐이다.

〈쓸 수 없는 문장들〉 중에서

자연 속에 머무는 시간이 점차 늘어나면서 나는 자주 거대한 그 무엇이 나를 둘러싸고 있음을 느끼며 전율하곤 했다. 나의 기원이 자연에서부터 시작되었기 때문일까. 인간이 아닌 것으로부터의 어떤 메시지나 상호 작용하는 기운이 있다고 믿게 되는 것이다. 그 믿음은 자연의 존재를 더 확고히 하여 고집스럽게 움츠린 삶을 펼치며 어둡고 좁은 방에 있는 나를 바깥으로 유인했다. 나는 언제부터인가 무언의 전율과 함께 감각을 최대치로 열어둔 채 자연의 언어를 탐독하고 해석하기 시작했다. 가만히 바라보며 풍경의 맥을 짚어보는 것만으로 생명감을 느꼈다. 침묵의 언어는 세상 어떤 언어보다도 충만했으며, 나는 침묵의 호흡과 함께 그들의 언어를 익혀나가기 시작했다.

*사상 없이 서 있는 모든 것들로부터 이 순간에도 나의 마음은 얼마나 많은 관념이 발생하는지, 그 지점이 내가 인간일 수밖에 없는 경계 지점이면서 동시에 인간으로서 이 자연의 침묵의 설법을 옮겨 적는 일만이 가장 유순한 인간의 일 같다는 생각도 든다. 결코, 도달할 수 없는 불립문자의 풍경이기에, 나는 자연을 신처럼 찬양한다. 이제 이런 사념 따위는 버리고 그 속으로 걸어 들어간다.

*〈쓸 수 없는 문장들〉 중에서

그렇게 신비롭게 감지되는 것들에 취해 어느덧 나는 자연과 하나의 일부가 되어갔고, 무아지경의 일체 속에서 여기 그대로 존재하는 것들에 대한 탐구를 계속해 나갔다.

나는 보는 것과 들리는 것 너머의 많은 것들이 궁금했다. 가령 영혼은 어떤 모습인지, 정신과 의식은 어떤 향을 지녔는지, 마음은 어떤 색채로 퍼져나가는지, 그리고 모든 관계는 어떤 공명 속에 서로 전율하는지. 그런 방식으로 모든 만물은 영혼이 있다고 믿었다. 인간의 사고와 편견이 사라진 자리에는 영혼과 마음이 차오르며, 그것으로 더 깊은 소통과 대화를 할 수 있다고 말이다.

그러니까 그런 것이 궁금했다. 사물과 현상 뒤에 남아 있는 자취나 분위기를, 무언가 떠난 후 곱씹게 되는 빈자리를. 분명 선명하게 남아있지만 보이지 않는 모든 것을. 느낌과 전율과 잔상과 마음을.

*영혼과 마음과 정신이 지나가는 길엔 발자국이 남지 않는다. 한 장소에서 벗어나 소리가 그치거나 거의 사라진 뒤에도 늘 숲에서 따라온 여음이 있는데, 나는 그 음이 어떤 향기를 뿜는다고 느낀다.

나는 도통 색채와 리듬, 향기를 구분할 수 없다. 분명 그것은 다르지 않다. 소리에서 향기가 난다는 말은 어법이 맞지 않지만, 무언가 남아 있는 잔여물은 삶의 공백 속으로도 배어 나오는 법이다. 글의 원천인 자연의 서사를 들려주는 글. 감각을 통한 세계와 긴밀하고 강한 접촉을 체험한 글. 어떤 글들은 그래서 잔향이 더 오래가고, 여운이 더 남을지도 모른다.

*당신은 어떤 향기를 품고 있는 사람인가, 보이지 않는 향기를 맡는 사람은 누구인가. 저 망망한 눈길 위에 찍고 있는 영혼을 바라보는 자는? 분명 넋들의 노래를 듣고 옮겨 듣는 사람들이 있다. 나는 그런 이들에게 어떤 복합적인 존경과 더불어 그의 삶의 태도에 절로 감복하고 만다.

어떤 글이 좋은 글인지 알 수는 없지만, 개인적으로 글을 잘 쓰기보다는 글의 원천인 자연을 직접 들려주는 것이 좋다. 살아 있는 문장을 포획하는 것은 중요해 보인다. 우리는 좋은 문장을 통해 화장법을 터득할 수는 있지만, 그러는 동안에 놓치는 맹점이 있을 것이다. 여기, 살아 숨 쉬는 것들 말이다.

*〈리타의 정원〉 중에서

작은 테이블을 마당 한쪽에 두면 제법 근사한 작업실이 되었다. 거기에 앉아 있으면 살결을 어우르는 공기와 적당한 습도가 기분을 맑게 했고, 바람과 햇살을 맞으며 책을 읽거나 글을 쓰다 보면 오감이 서서히 깨어났다. 자연이 내게 들려준 모든 것을 한 자 한 자 적어보려 했으나 아쉽게도 그 계획은 오랫동안 거의 실현될 수 없었다. 자연은 언어를 지니지 않았고, 느낌뿐이었으며, 기록할 종류가 아니기 때문이다. 나에겐 그것을 기술할 능력도, 재능도 없었을뿐더러 아무도 궁금해하지 않았으며, 아무도 나 같은 사람의 목소리를 들어주지 않았다.

그리하여 그 누구에게도 말할 수 없는 것이 늘어나자 나는 누군가에게 이것을 납득시키는 대신 더는 말을 하지 않게 되었다. 그러나 나는 여전히 나를 둘러싼 어떤 기운을 느끼며 그것을 조용히 듣고 있다가 감동을 주는, 자연이 들려주는 미문을 수첩에 한 줄 두 줄 기록함으로 인간의 외로움을 대신하려 했다. 그러나 유감스럽게도, 나는 문장으로 명확하게 그 무언가를 설명할 재능이 없었다.

당시 나는 작가가 되어야겠다는 다짐은 하지 못했다. 그건 나 같은 사람이 마음에 담을 수 없는 너무나 큰 일이라 생각했기 때문이다. 그럼에도 거의 모든 시간을 혼자 보낸 탓에 여분의 시간에 나는 이것저것 분절된 마음의 조각을 노트에 끄적이곤 했다. 무엇을 써보자는 의지보다는 무언가를 간절히 쓰고 싶은 마음과 함께, 나는 테이블에 앉아 지면을 오래 바라보았다. 마치 아무것도 자라지 않은 황무지를 바라보듯. 흰 여백 위에 활자를 늘어놓을 때면 쓰는 일이야말로 정원을 가꾸는 일과 닮았다고 생각했다.
'나는 여기에 어떤 말을 경작하고 있나. 문장에 물을 주면 무엇이 피어날까.'

나는 자연이 내게 전하는 이로운 감각의 황홀경과 아름다움, 고요와 평화를 누군가와 나누고 싶다는 생각을 끈질기게 했고, 나처럼 길을 잃은 누군가가 우연히 찾아온 정원에서 오래오래 머물다가 가길 바랐다.

시간이 흘러도 언젠가, 누군가에게, 내가 경험한 것들을 증명하고 싶다는 생각을 포기할 수 없었다. 그리하여 나는 여기 나의 독자가 있다고 상상하며 문장을 적었다. 문장에도 영혼이 있다고 믿으며. 나아가 꼬리에 꼬리를 무는 궁금증이 늘어갔다.

'우리는 어떤 방식으로 섞일 수 있을까. 서로가 서서히 뒤섞이면서 우리는 어떻게 하나일 수 있을까. 이런 느낌을 어떻게 전달할 수 있을까.'

가령 많은 말을 삼키느라 입술을 모은 채 흘러내리는 탄성 같은 것, 혹은 무언가 골몰하며 앉아 있는 영혼의 뒷모습 같은 것, 어디에도 들키지 않은 설움 같은 것, 창 안으로 함부로 스며드는 습도 같은 것, 산중에 멀리 울려 퍼지는 종소리 같은 것. 그러니까 서서히 차오르는 마음과 빛나는 정신 같은 것, 아무에게도 들리지 않는, 그러나 누군가의 심장 깊이 타진하는 메아리 같은 것. 여기, 침묵으로 일관하는 자연처럼, 보이지 않는, 모든 것들 말이다.

그러나 나는 오랫동안 그것을 표현할 능력이 없었다.

성스러운 일체의 순간, 그것을 경건하게 받아 적는 사람이 있다. 어떤 작가는 한 줄의 언어를 옮겨 적기 위해 생의 모든 시간을 육신 속에 머물며 정화에 몰두한다. 맑고 고요한 정신을 유지하는 것에 일생을 바친다. 무결한 한 문장을 위해 사는 사람처럼. 그리고 생의 단 한 문장만을 기리는 영광을 꿈꾼다. 그러나 시인도 작가도 아닌 나는 한 문장을 갖기 위해 거의 모든 시간을 정제하고 절제한다. 귀한 손님의 방문을 준비하는 사람처럼, 맞이할 준비만 하다 잠드는 사람처럼, 기다림이 마치 직업인 것처럼.

나는 이 상투적이고 관념적인 언어를 탈피하고 싶지만, 방법을 알지 못한다. 나는 명명할 수 없는 것을 실재적인 것으로 대체하기 위해서 겪지 못한 것들을 겪어보려 노력한다. 그러나 인간에게 그런 일은 불가능에 가깝게 느껴진다. 보고 경험한 것들은 이런 인간의 사고로만 구성되어 있기 때문이다. 내가 지닌 최대치의 감각과 감수성으로 이 세계의 아름다움을 구체적으로 표현할 수 있을까, 원하는 것에 과연 도달할 수 있을까. 모르겠다. 애석하게도 여기, 붙일 인간의 언어가 없다는 것. 그저 손위에 가지런히 떨어진 꽃잎을 오래 바라볼 수밖에 없는 것. 침묵과 말 사이에 오래 맴돌고 있는 향기 같은 것. 나는 아직 한 줄의 글도 쓰지 못했고 앞으로도 영원히 쓰지 못할 것이다.

〈쓸 수 없는 문장들〉 중에서

그리고 6년 후

05

원방리의 신촌마을을 지나 쭉 들어가면 인적 드문 마을이 펼쳐진다. 오래전 굿판을 하던 마을이라 불리는, 외지의 귀촌인들이 없고 한적한, 마을 전체가 감밭인 이곳은 한때 내가 오래 살았던 곳이다.

섬진강이 흐르는 강변 마을은 일교차가 크고, 매일 새벽안개를 머금어 감들이 타지역의 감보다 더 탐스럽고 달았다. 나는 여기서 주로 감 농사하며 지냈다. 옛 추억 따라 감밭을 둘러보며 걸으면 가장 끝에 있던 병방 마을, 집과 집, 담장과 담장 사이 그 안에 숨어 있는 나의 집이 있었다.

다시 찾은 집의 대문은 조금 더 견고히 보수가 되었고, 검은 페인트가 칠해져 있었다. 당시의 나무 대문은 바람에도 쉽게 열릴 정도로 헐거워 문 안쪽 고리를 노끈으로 묶어주곤 했다. 한때의 나는 지나가는 누군가의 인기척에도 대문에 동그랗게 뚫린 구멍의 틈 사이로 바깥을 바라보곤 했었는데, 이제는 그 작은 구멍에 눈을 붙인 채 타인이 사는 정원을 들여다보는 것이다. 문을 한차례 두드리면, 마치 인기척을 듣고 새들이 푸드덕거리거나, 장화를 신고 마당을 손질하다가 누구세요.라며 달려 나오는 젊은 날의 내가 있을 것 같았다. 집의 안쪽까지 다 엿볼 수는 없었지만, 수형 좋은 감나무 여러 그루가 잘려 나가 더 삼삼해진 앞마당에는 마가목이 대신해 문 바깥까지 흐드러져 있었고, 정원석 틈새로 드문드문 꽃무릇의 보금자리와 흰 민들레도 여전했으며, 올해도 어김없이 뜰의 좌측 모퉁이에는 강렬하고 기세 있는 동백꽃이 아름드리 피어 있었다. 나는 누가 나오기를 기다리는 사람처럼 오래 문 앞을 서성거렸다. 그렇게 대문 하나를 지척에 두고 과거와 현재가 조우하게 된 것이다. 이 하나의 문틈 사이로 기억은 이제 낯선 형제처럼 서 있었다.

지나간 시간과 현재의 격차 사이, 그날과 지금의 사이, 비좁은 시간의 틈새에서 나는 갈팡질팡 걸었다. 어지러이 피어난 봄꽃들이 아무것도 모르는 듯 얄궂었다. 마을은 그 무엇과도 무관한 표정이었다. 저편으론 여전히 같은 옷을 입고 있는 수다쟁이 할아버지가 뒷짐을 지고 지나갔다. 마주치기만 하면 붙잡고 대화로 외로움을 달래시던 어르신은 나를 이제 알아보지 못하는 듯했다. 걸음이 조금 더 느려진 듯 보였지만, 여전히 건재해 보이는 그는 내 지난 시간의 격차 속에서 떠나간 과거의 올 풀린 소맷자락처럼 남아 이곳이 낯설지 않게 했다.

섬진강을 사이에 두고 병방 마을과 건너편 동해마을을 잇는 다리가 언제 생겨났는지 새로 연결되어 있었다. 강변의 데크는 코로나 때문인지 관광할 수 없도록 폐쇄되어 있었고, 자전거를 타고 왔다가 되돌아가는 사람들만 종종 보였다. 나는 옛 기억을 따라 관광객들이 모르는 수변 아래 잡풀들을 밟으며 걸었다.

그 당시 나는 이곳에서 호미를 들고 질경이나 냉이, 달래, 쑥, 봄나물을 캐며 저 멀리 강 너머로 모여든 사람들을 힐끔거리곤 했다. 한적한 이쪽 마을에 비해 강 건너편은 다른 세상 같았다. 해마다 봄이면 오래된 왕벚나무가 강줄기를 따라 길게 드리워져 있고, 많은 사람이 강 건넛마을로 벚꽃을 보러 찾아들었다.
청바지에 밝은 셔츠를 입은 청년들, 꽃무늬 원피스를 입은 여인들, 젊은 연인들의 웃음소리 그리고 카메라를 들거나 자전거를 타고 혼자 찾아온 여행객들을 나는 멀리 바라보곤 했다. 마치 나 자신은 저편에 속할 수 없는 세계인 것처럼. 건널 수 없는 꿈처럼.

그러나 이제 나도 그들처럼, 새로 생긴 다리를 건너 벚꽃을 감상하다가, 건너편 나의 마을을 바라본다. 저 멀리 달아난 과거의 한 장면을 아득히 바라보게 되는 것이다.

기억이 육중해지도록 내버려 두다가 그것이 쏟아지도록 방치했던 시간. 잘 살고 있다 꼭 가겠노라고 마음속으로 다짐했었지만, 쉽사리 방문하지 못했던, 너무 오고 싶었던 나의 마을. 그러나 오랜만에 도착한 이곳은 낯선 봄 공기로 가득했고, 나를 반기는 이도, 나를 아는 이도, 내가 찾으려 했던 것도 없었다.
'나는 무엇을 보러 왔을까, 무엇을 기대했던 걸까, 무엇을 찾으려 했던 것일까.' 가만히 앉아 있으니 알 수 없는 감정이 코끝까지 밀려왔다.

그리고 곧이어 생각했다. 어쩌면 나는 이곳에 오고 싶었던 것이 아니었는지도 모른다고. 실은 내가 보고 싶었던 것은 이 풍경이 아니라 한때는 이곳에 속했던 삶이었다는 것을. 이 삶 속에 원 없이 누렸던 젊은 시절의 나라는 것을.

여기저기 벚꽃잎이 흐드러졌다. 세월이 속절없고 야속하다는 생각이 들었다. 그렇게 6년의 세월이 흐른 후, 이곳에는 손톱에 흙이 잔뜩 묻은 손으로 호미를 들고 있는 여인이 아니라 차를 타고 와서 구두를 신고, 팔꿈치에 책을 낀 채, 아무것도 모르는 작은 강아지와 걷고 있는 중년의 여인이 있었다.

강기슭에 앉아 흘러가는 것들을 바라본다.
혼잣말하며 고독을 달랬던 풍경을, 그리고 아무도 몰래 울었던 시간을. 흘러가는 것을 바라보면 울음소리도 떠내려가고, 푸른 산과 형형색색 피어난 꽃들이 순서대로 떠내려간다. 나무에 노을이 열리는 장면도, 그 사이사이 잠시 잊었던 얼굴들이나 보고 싶은 이들의 뒷모습도 흘러간다. 밀짚모자와 장화를 신은 채, 하얀 꽃들을 따라가는 여인도 흘러가고, 조곤조곤 투명한 물소리도 흘러간다. 모두는 물이 되어 바람이 되어 빛이 되어 어디로 흘러가나.

낱장으로 흐드러진 벚꽃잎이 강물과 함께 흘러간다.
떨어진 꽃잎과 떨어지는 꽃잎 사이로도 그리움이 흘러간다.

나는 여기 질긴 삶을 붙잡고 서서,
어디로 가야 하나. 어디로 흘러가야 하나.

따사로운 태양 볕이 강물 위에서 자글거렸다.
한 사람을 또다시 혼자 세우는 너무한 봄날이었다.

밀어내는 미래와 잡아끄는 과거의 틈새에 텅 빈,
절벽을 오르는 태양과
추락하는 바람의 사이에 매달린,
땅도 아니고 하늘도 아닌,
소속 없이 헤매는 그러니까
무엇일까 자꾸만 휘청이게 하는 것은.

사라지다 살아지다 기어코 만나야 하는 우리는,
울부짖게 하는 것, 일어서게 하는 것,
다시금 떠나가고 뒤돌아보게 하는 것은.

마을과 마을 사이, 사람과 사람 사이
오고 가지도 못하는 고백 같은,
무엇일까, 이 어지러운 몸은.

〈잠들지 않는 세계〉 중에서

―살 밖으로 선명한 마을의 겹과 겹이 갈피 없이 흔들린다.
그럴 때면 몸으로 초점을 맞추어야 한다.
다음 장과 다음 장, 사이의 시차처럼 나는 발자국을 남기지 않는다.

마을마다 차례로 아침이 찾아 들면 저 멀리 가장 먼저 깨어난 사람들, 빛의 문을 향해 첫 신을 신는 사람들, 마당을 쓰는 사람들, 새들이 몰려들면 비로소 마을은 분주히 이야기를 시작하고.

사람과 사람 사이에 뿌리내리지 못한 소문처럼 아무도 나를 넘기지 않는다.
나는 주소 없는 사람, 문장의 그 어디에도 없는 사람.

〈잠들지 않는 세계〉 중에서

윤의 강가에서

06

한 떨기의 꽃이 피어나고 있어, 네가 말한다. 분명 아무것도 없는데 아무것도 보이지 않는 그것이 꽃이구나 생각했어.

사람과 사람 사이에 잠든 씨앗이 깨어나며 피어나는 투명한 꽃이 있대, 이 아름다운 꽃에는 이름 붙일 수도 없대,

이곳에 짙은 향기가 맴돌았다. 달빛 아래 윤곽을 찾으며 만개하는 무언가가 분명히 있었다. 나는 그것이 우리인가 보다 생각했다.

〈잠들지 않는 세계〉 중에서

해가 남은 빛을 끌고 산으로 넘어가는 동안, 나는 차를 돌려 곡성 방향으로 향했다. 산동과 구례읍을 관통하여 곡성과 남원으로 이어지는 18번 국도. 섬진강과 보성강이 합쳐지는 곡성은 내가 살던 병방리에서 그리 멀지 않은 옆 동네이다. 서서히 붉어지는 태양을 따라 그곳으로 향하는 길에도 벚꽃은 흐드러졌다. 차창에 달라붙은 꽃잎 때문인지, 농익은 노을의 번짐 때문인지, 나는 시야가 어지러워 바보처럼 자꾸만 눈을 비비며 달렸다.

곡성에는 윤이 살았다. 긴 댕기 머리를 하고 긴 치마를 즐겨 입던, 환한 얼굴에 몇 개의 점이 별자리처럼 박혀있던 그녀, 막 태어난 강아지의 맑고 투명한 눈빛의 그녀는 늘 웃음을 잃지 않았다. 나는 그녀의 느리면서도 올곧은 자세에서 성급하지 않은 성품과 여유 있는 마음을 엿볼 수 있었다. 말을 아끼며 듣는 것을 즐겨 하는 윤이었지만, 그녀의 태도에서 누구보다도 명확한 그녀의 언어가 들렸다. 어린 나이임에도 세속을 떠난 이곳에 와 오로지 정신적인 가치를 추구하는 삶을 산다는 것이 얼마나 어렵고 외로운 일인지 나는 안다. 단단한 정신으로 삶의 진리를 위해 수행하며 숱한 자신만의 싸움 속에서 늘 이겨야 하는 삶, 감히 그 누구도 흉내 낼 수 없는 용기를 지닌 그녀의 곁에서 나는 늘 힘을 얻곤 했다.

그런 그녀와의 인연은 책의 앞에서 이야기했듯 인도에서부터 시작된다. 오래 머물렀던 인도의 작은 마을, 보드가야의 절을 떠나려 할 때, 막 도착한 그녀와 인사를 나누다가 몇 마디의 대화로도 우리가 공통점이 많다는 것을 알게 되었고, 마치 언젠가 한 번은 마주해야 했던 인연처럼 강한 장력을 느꼈다. 그리하여 떠나기 직전 서둘러 그녀의 연락처를 수첩에 받았던 것이다.

한 단어 한 단어의 언어에 함축된 삶의 농도가 비슷했기 때문일까. 우리는 예견된 것처럼 짧은 시간 깊어져 갔다. 우리는 어느덧 이곳에서 누구보다도 긴밀하게 만남을 지속했다. 오랜 해외 생활을 했던 점이며, 나도 그녀도 유럽과 인도에서 지냈던 탓에 타국에서의 생활, 인도 각지의 이야기, 그러니까 오로빌 공동체에서의 생활이나 힌두교나 불교, 혹은 명상가나 아쉬람, 라마승 등등의 내밀한 이야기도 자주 나눴다.

또 각자의 명상법을 공유하거나 성찰일지를 나누며 각별한 사이가 되었다. 우리의 고민과 궁금증은 세상이 아니라 오로지 나 자신이었으며, 내가 누구인지 찾아가는 질문 곁에서 하나의 길 위에 만나 어느덧 나란히 발걸음을 함께하는 도반이 되었다.

"다가오는 삶이 두렵지 않다는 것을 우리는 오랜 여행을 통해 깨닫게 된 거야. 우리가 이런 간절한 삶을 믿는 이유는 생의 가시밭길을 돌고 돌아 체득한 것이 있기 때문이겠지. 그 어떤 것도 불행한 것은 없으며 모든 상황은 고난을 극복하기 위해 놓인 길일 테니까. 그럴 때 그저 용기를 내서 걸어보는 거야. 어떤 절망 속에서도 분명 나를 살리는 상황은 찾아오기 마련이고, 옳은 길을 인도하는 이정표가 곳곳에 등장할 테니까. 우리는 지향하는 삶에 다가가고 있어. 그 사실을 알고 나면 아무것도 두려울 것도, 두렵게 하는 것도 없어. 이따금 삶이 어렵게 느껴지는 이유는 마음이 없어서가 아니라 용기가 없어서 아닐까. 나는 어떤 것도 되고 싶지 않아. 그러나 용기 있는 사람이 되고 싶어."

맞다. 신기하게도 늘 사건과 사건이 충돌하는 불행 앞에서 주저앉아 갈피를 찾지 못할 때는 어김없이 변곡점이 되어주는 사람들을 만났고, 그녀처럼 누군가가 등장해서 나를 다음 미래로 무사히 안내했으며, 나는 줄곧 그들을 따라 조금 더 나은 환경과 삶 속으로 넘어가며 살아졌다. 한 사람의 인생에 발생하는 사건들은 어쩌면 보이지 않는 알고리즘에 의해 짜여진 각본 같기도 했다. 마치 우리가 만난 것처럼 말이다.

숱한 어려움 속에서도 늘 이날을 떠올리며 나는 늘 한가지의 사실을 상기하곤 했다. 때론 추락하는 절벽에 매달려 있을 때, 나를 뿌리쳤던 손길들이 여전히 모르는 척할 때, 나를 살리는 또 다른 구원이 있다는 것을. 그리하여 세상이 이편을 향해 손가락질하더라도 나는 더 본연의 삶에 충실히 하고자 했다. 아무도 내 삶을 침범할 수 없고, 아무도 나를 질책할 수 없었다. 내가 행한 삶의 결과는 오롯이 나의 몫이며 그것에서부터 파생된 감정과 불안을 견주고 다스리는 것도 내 몫이기 때문이다. 길 위에 놓인 숱한 어려움은 수행을 통해 극복해야 하는 부분이기에 어떤 결정의 결과에 실패란 없을 것이고, 나는 발생하는 사건들을 하나씩 다스리고 해결해나가면 된다고 믿었다.

"우리는 다 잃더라도 누구보다도 더 큰 용기를 지녔어. 많은 사람이 갖지 못한 단 한 가지. 살아가는 데에 있어 가장 커다란 것 말이야. 누구보다도 더 아프고 외로울 용기 그리고 더 사랑할 용기, 잘 살아갈 용기, 잘 살아낼 용기 그리고 잘 사라질 용기."

나는 이상하게도 그녀 곁에서 삶은 하나도 어려운 것이 없어 보였고, 아무것도 두렵지 않았다. 나는 정말 아무것도 두렵지 않았다.

그녀와 앉아 두런두런 대화하던 그때의 강변을 달리고 있었다. 금곡교를 지나 강 따라 조금 더 들어가 보면 오두막 같은 작은 추어탕 가게들과 낚시터가 나온다. 이곳 압록교 아래의 한적한 보성강 강가는 우리가 자주 찾던 곳이었다. 마을 주민들이 다슬기나 은어를 잡던 이곳은 이제 제법 유명한 노지 차박지로 바뀌어 있었고, 강변 초지에는 캠핑카가 제법 많이 보였다. 군데군데 텐트와 모닥불을 켜 놓고 야영을 하는 사람들이 가뭇가뭇한 고요 속에 온기를 피우고 있었다.

갈대밭 사이로 흐르는 강물이 띄엄띄엄 바라다보이는 곳에 차를 대고, *밤이와 주변을 한 바퀴 살피다 돌아와 캠핑 테이블과 의자를 내어놓고서 해가 완전히 떨어지기까지 가만히 앉아 있었다. 그리고 지난날의 몇 가지의 그리움에 대해 생각했다. 얌전한 밤이는 언제나 나의 곁에서 온기를 내어줬다. 그러나 내가 살던 곳에는 관심이 없다는 듯 팔뚝에 턱을 괸 채 잠들었다. 하나둘 주변 램프의 불이 꺼지자 사람들은 노래를 멈추고 텐트 안으로 들어갔다. 어둠 속 맞은편의 낮은 능선을 따라 하얗게 도드라진 벚나무가 거기 일렬로 아름드리 피어있음을 알렸다.

* 밤이: 우리 집 강아지

시야가 검푸를수록 강물 소리가 점점 더 크게 볼륨을 높여 마음 언저리로 흘러들었다.
어느덧 어둠이 찾아들자 마치 아무도 없는 무시간 속에 덩그러니 놓여 있는 생경한 느낌이 들었다. 아무도 없는 까마득한 우주에 밤이와 내가 무중력 상태로 떠 있는 느낌. 그럴 때 아득한 그녀의 마음이 그리웠다. 내가 사랑했던 사람들은 다 어디로 갔나. 나는 익숙하면서도 낯선 심경과 함께 문득 누군가와 밤새 수다 떨고 싶은 마음이 들었다.

그때, 저 멀리 산 건너편에서부터 막 도착한 희붐한 보름달이 서서히 일어서기 시작했다. 잔잔한 강물에 달빛이 흔들리며 눈가에 아른거렸다. 저 홀로 춤추는 달빛을 바라보다가 이 아름다운 장면을 나눌 누군가가 곁에 있었으면 좋겠다고 생각했다.

이 형언할 수 없는 장면을 잊고 싶지 않아서, 노트를 펼쳐 한 줄의 글을 적으려고 시도했다. 그러나 잠시 망설이다가 이렇게 혼자 쓴 글은 무언가 부족하다는 생각이 들었다. 혼자 느낀 밤공기 따위를 나눌 사람이 없어서, 짙어가는 심연 속에서 우두커니 혼자 서 있는 기분으로 팔을 벌린 문장은 안아줄 무언가가 필요해서, 이내 들고 있던 노트를 꾹 닫고 달의 무도를 망연히 바라본다. 한때의 잃어버린 영혼을 바라본다. 어른거리는 달빛에 그녀의 얼굴이 계속 겹쳐 보이는 걸 어쩔 수 없었다.

이 순간, 내가 좋아하는 그녀와 등불 같은 정신으로 무장한 채 영혼에 대해 밤새 이야기 나누고 싶다. 만약 이곳에 윤이 있었다면 나는 꺼지지 않는 노래를 불렀을 것이다. 그녀는 분명 눈이 휘둥그레지면서 붉어진 미소로 손뼉을 쳤을 것이다. 우리가 좋아하는 풍경 속에서 영원한 밤을 지새울 것이다.

그러나 슬프게도 나는 그녀를 다시 만나지 못했다. 그녀는 이제 더 이상 이곳에 살지 않는다. 이곳이 아닌 남쪽의 더 작은 마을로, 바늘구멍처럼 너무 작아서 더는 눈에 띄지 않는 곳으로 갔다고 전해 들었기 때문이다.
그녀는 작아서 더는 볼 수 없는 작은 산 마을에서 행복하게 살고 있을 것이라 확신한다. 그녀는 늘 그래왔고, 앞으로도 그럴 것이다. 나는 흔들리는 달빛을 바라보며 물결 위에 들리지 않는 작은 목소리로 한 줄의 독백을 남겼다.

'너도 보고 있겠지, 이 달빛을,

나는 이제 제법 용기 있게 살아가고 있어.

어디서도 행복하기를, 우리 모두 행복하기를.'

우리는 나란히 앉아 있었다. 조약돌을 던지다가, 물의 파문을 들으며 나도 저 물처럼 흐르고 싶다고 말했다. 고백은 침묵과 함께 흘러간다. 나는 네 옆에 앉아 있었고, 너는 말이 없다. 네 시선을 따라 강이 붉게 타오르고 있었고, 물의 표면에는 남은 말처럼 빛이 이글거렸다. 아무도 우리를 가두지 않아, 어쩌면 우리는 영원하겠지. 옆에서 네가 작은 목소리로 말하는 것 같아 옆을 바라봤을 때, 너는 없었다. 저 멀리 반짝이는 무언가 흘러가고 있었다.

〈잠들지 않는 세계〉 각색

자리를 깔고 앉아 노을을 본다. 막 입수를 마친 하늘이 붉게 녹아내리고 있었다. 발목에도 붉고 환한 것들이 조금씩 묻어났다. 따뜻하다고 말하려다가 나도 모르게 뜨겁다고 말하는 오후였다.

서서히 식어가는 공백 속에 나도 앉고 노을도 앉고 물소리도 앉는다. 백구도 앉고 당신도 앉고 사랑도 앉는다.

대답도 없는 어둠이 강물 소리를 내는 밤. 기다려, 혼잣말하다가 떠나가는 물들을 바라본다, 바라보다가, 바라보다가, 계속 바라보고 있으면 나도 흘러가고 있는 밤이었다.

〈잠들지 않는 세계〉 중에서

산이 나를 부를 때

07

─ 아무도 모르는 곳으로 걸으며 힘난한 시기를 보내던 아이가 가끔은 어딘가 내 안에 헤매고 있는 것 같을 때면, 나는 산이 부르는 소리가 들린다.

나는 섬진강변을 따라 벚나무와 매화나무가 가득한 하동 그리고 광양을 자주 찾아가곤 했는데, 크고 작은 산과 산이 중첩되며 산맥을 이루는 아름다운 지형에 자주 매료되어 시간이 날 때마다 대자연의 품으로 물가로, 숲으로, 혹은 종종 이름 없는 산을 오르곤 했다.

나는 이상하게도 길 없는 야산을 오르는 일이 낯설지 않았다. 시골에서 자란 것도 아니고, 이런 삶을 살아온 것은 더더욱 아니다. 생각해 보면 사춘기 시절로 돌아갈 수밖에 없는데, 아마 인적 드문 곳이라면 어디든 찾아다니며 정신적 휴식을 취하던 어린 나이의 내가, 어른이 되는 동안 몸에 각인된 습, 그러니까 버릇 같은 것이라 생각했다.

어린 시절 나는 늘 세상이 무서웠다. 마음을 의지할 가족은 없었으며 안아줄 부모도 없었다. 안식처가 될 만한 집도 없었고, 편하게 잠을 잘 공간도 없었다. 나는 죄가 없는데도 무엇엔가 늘 쫓기는 기분이 들었다. 그리하여 괴물 같던 보호자를 피해 늘 인적 드문 곳, 발길이 끊긴 곳들만 찾아다녔다. 키만 한 갈대가 어지럽게 자라 있는 숲은 숨기 좋았다. 아파트에서 가장 먼 곳의 들판이거나 야산도 좋았다. 나는 아무도 나를 찾지 못하는 곳에 있을 때, 마음의 안정을 되찾았다. *그 시절 무서움 따위는 내게 통증 밖의 일이었는지도 모른다. 나는 그 무엇을 능가할 정도로 생의 의문이 극심했다.

아무도 방문하지 않는 이곳이 나의 둥지이자 나의 무덤이었다. 저 아래 세상으로 되돌아가고 싶지 않았다. 이쯤에서 살고 싶다는 마음과 이쯤 죽어도 좋겠다는 양가감정이 공평하게 등을 맞대고 있었다. 나는 나의 보호색과 함께 인간의 동선이 닿지 않는 완전 무관심의 세계, 이곳 황량한 수풀이 반기는 장소를 나는 혼자 돌아다니곤 했다. 얼어가는 손과 발을 비벼가면서, 터질 것처럼 아린 뺨을 만져가면서, 내가 내 몸을 비비며 녹여주던 긴긴 겨울을 오래 통과하곤 했다.

도심을 비추던 해가 붉은 옷깃을 끌며 사위어가고 있었다. 나는 내게서 더 멀리 떠나가는 것들을 이렇게 혼자서 바라보곤 했다. 나의 내력이 투시된 것들, 가령 노을, 달빛, 아무도 모르는 강가, 서로의 거죽을 비비는 억새, 그런 것만이 내게 생의 의지를 가져다줬다.

하늘 위로 무리를 이탈한 늙은 쇠오리 한 마리가 지나가고 있었다. 목청껏 마지막 울음을 터뜨리며 남은 생의 시간 속으로 몸을 던지고 있는 장면이었다.

*⟨리타의 정원⟩ 중에서

✧

나는 몸을 잃은 영혼처럼 언덕에 있었다. 그렇게 앉아 있다 보면 밤이 찾아들었다. 별들은 겨울 추위 속에 얼어붙어 더 견고하게 빛이 났다. 산 짐승 한 마리도 보이지 않는 너무나도 추운 겨울밤이었다. 부르는 이 하나 없고, 찾는 사람 한 명 없기에 사방은 고요했다. 이곳에서는 복잡한 저 아래 세상을 생각하지 않아서 좋았다. 손이 시려 손끝을 모아 입김을 연거푸 뱉다 보면 허기가 들었다. 아무도 이 허기를 해결해 주지 않았다. 그것은 삶이라는 접시 위에 도통 주어지지 않는, 내 몫의 식량들이었다.

주머니 속에는 어른들이 몇 번 빨다가 길가에 버린 담배꽁초가 있었다. 가방 속에는 라이터 한 개랑 8절 스케치북과 4b 연필, 그리고 연필을 깎는 칼이 들어 있었다. 나는 가방 안에 굴러다니는 그것들을 꺼내어 번갈아 가며 집어 들었다. 라이터를 엄지손가락으로 돌리면 불이 붙었다. 그러다 이내 연필을 깎는 커터 칼을 만지작거리다 내려놓기를 반복했다. 이 작은 가방 속에 세상 하나쯤은 완전히 없앨 만한 모든 것을 다 가지고 있다는 생각만이 나를 든든하게 했다.

곧이어 어른들을 흉내 내며 필터가 타들어 갈 때까지 담배를 피웠다. 창백한 건초더미 위로 침을 뱉고, 운동화로 꽁초를 비벼 껐다. 그것은 어리고 작은 내가 할 수 있는 최고의 용기였다. 이 순간 더 큰 일도 저지를 수 있다는 사실이 유일한 환희였지만, 곧이어 아무것도 할 수 없다는 사실에 이내 상심했다. 점차 붉게 얼어가고 있는 작은 손이 마지막 나뭇가지에 매달린 마지막 낙엽처럼 얇게 떨렸다. 내면의 괴물을 꺼내어 보고자 용기를 내었으나 나는 나를 능가할 수 없음을 잘 알고 있었다. 나는 저세상에 대항하지도 못한 채, 이토록 멀리 도망쳐와 고작 산의 둥지 속에 혼자 웅크리고 앉아 있는 것이다. 그 현실이 슬픔을 더 어둡게 했다.

밤의 어둠이 산을 점령하자 나의 영혼은 오래 굶주린 짐승의 동공처럼 의식이 명료해지면서 점차 본능만으로 가득한 공허와 독기로 변해갔다. 스케치북을 빼 무엇이라도 해야겠다고 생각했다. 눈앞에 바라보이는 마른 풀들을 보며 찍찍 긋다가 북받치듯 연필을 잡고 무언가 그리고자 했다. 그것이 어떤 형태를 지녔는지는 중요하지 않았다. 그림을 그렸다기보다는 허기진 백지를 가득 채우는 일종의 몸부림에 가까웠다. 밤이 깊어 여백이 보이지 않을 때까지 꾹꾹 그어나갔다. 모든 페이지가 찢겨 검은 피가 쏟아져 나오는 것 같았다. 묘한 쾌감과 함께 펜을 이상하게 잡고 있다는 것을 알았을 때, 나는 행위를 멈췄다.

칼을 들듯 연필을 쥐고, 두 손의 아귀로 검은 그림을 채워나갔던 것이다. 그것은 나를 향한 자해이며 세상을 향한 침묵의 복수와 같은 것이었다. 경멸하는 어른들을 향한 내가 할 수 있는 가장 강한 반항 같은 것이었다. 종이는 살점이 뜯기듯 덕지덕지 찢어졌다. 나는 연필이 부러지도록 격앙되어 선을 그었던 것이다.

그러나 나는 안다. 그것은 살아라 살아라,라고 내 마음이 세상에 대항하는 간절한 외침이라는 것을 말이다. 아니, 그건 커다란 세상 속에서 고작 이런 행위밖에 할 수 없는 여린 아이의 몸속 깊은 울음이었다. 스케치북의 마지막 페이지까지 검은 여백이 완성되자 실눈 사이로 차가운 것이 맺혔다. 나는 꾹 다문 얼굴을 한 채 흐느끼기 시작했다. '왜 나는 모두가 싫어하는 아이일까, 나를 싫어하는 사람들은 내가 없어진다면 행복해하겠지, 그들이 말한 불행의 원흉이 사라진다면 모두가 기쁠 것 같다.'

그들이 원하는 것을 해줌으로써 나 역시 해방되고 싶었다. 더러워진 손등으로 눈물을 닦으며 다짐했다. 내일부터는 눈을 뜨지 않을 것이라고 말이다. 꽁꽁 언 채로 작은 별이 되고 싶었고, 더는 깨어나지 않기를 간절히 바랐다. 아무도 나를 영원히 찾지 않기를 바라며, 추위에 통통 부은 두 손을 가지런히 가슴에 올리고 그대로 잠들었다.

얼마나 시간이 지났을까. 누군가 뺨을 세게 때리자 살갗의 통증이 점차 느껴졌다. 온몸이 점차 깨진 유리병처럼 아리기 시작했다. 나는 의식을 잃었다가 눈을 서서히 떴다. 눈이 이불처럼 덮인 산은 서서히 흰 몸을 드러냈다. 거기엔 아무도 없었다. 아무도. '누가 나를 깨운 것일까, 바람일까, 달빛이었을까.'
나는 마른 고엽 더미에 기대어 있었다. 내가 언제부터 여기 있었던 건지, 얼마나 오래 깊은 야산에 누워 있었던 것인지 도무지 알 수 없었다. 검푸른 가문비나무들만이 어깨동무하며 여전히 나를 둘러싸고 있었다. 흔들리는 검은 나무 기둥이 신령처럼 높고 거대했다.

운명은 그날 나를 여전히 발끝에 호각 하여 계속 살아가도록 지시했고, 나는 마치 깨질듯한 차가운 몸으로 위태롭게 구르며 산에서 내려왔다. 그날 그린 검은 추상화는 아무도 모를 것이다. 그림을 들키면 분명 내가 아는 어른들로부터 크게 혼이 날 것이다. 나는 검은 페이지를 한 장 한 장 뜯어 흙 속에 그것을 파묻고 내려왔다.

나는 그날을 여전히 기억한다. 꽁꽁 언 발로 절뚝절뚝 걸으며 무수히 내 이름을 불렀던 그날을. 억새를 헤치고, 산비탈을 구르면서도 오로지 이름 석 자만을 똑바로 발음해 보려 했던 마음을. 주술처럼 나는 나를 하염없이 부르고 불렀다. 그것은 실은 살려달라는 세상을 향한 기도였다는 것을. 그날부터였나, 내가 산으로 들판으로 들짐승처럼 다니게 된 시점이. 그때부터였나, 산이 나를 부르는 이유가.
언제든 죽을 것 같으면 다시 올랐다가 진정이 되면 세상 속으로 들키지 않는 표정을 하고 살기 위해 다시금 내려오기를 반복했던 연유가 말이다.
아무도 없는 곳만을 찾아다니며 험난한 시기를 보내던 아이가 가끔은 어딘가 내 안에 헤매고 있는 것 같을 때면, 나는 산이 부르는 소리가 들린다.

어떤 메아리

08

누군가는 소리가 사람을 깨운다고 했어. 아카시아 꽃향기가 안개처럼 저 멀리 뻗어나가는 마을, 꽃잎이 떨어지는 소리를 듣다가 귀가 뜨이는 사람들은 아무것도 말할 수 없다고 했어. 그게 무슨 말인지 알 수 없었어.

머지않아 소리를 찾을 수 있을 거야. 한 줄기의 가느다란 빛이 그것일까, 아니면 흘러들어온 바람 같은 것일까,
소리를 알 수는 없지만, 눈을 꼭 감고 서 있으면 무언가 들릴 것 같았어.

소리는 사람과 사람들 사이로 떠돌아다닌다고 했어.
사람들이 피난처럼 한둘 떠난 마을에는 먼저 간 자들의 메아리가 울려 퍼졌다.

〈잠들지 않는 세계〉 중에서

─산 정상은 어떻게 메아리를 키우나.
누군가는 그들이 버리고 간 넋으로 산을 키운다고 했고,
누구는 한 서린 산맥이 이곳 마을을 돌봐준다고 했다.

골목마다 몸과 몸으로 떠도는 사람들.
그렇게 한둘 집을 두고 다시금 먼 길을 떠나면
여기 없는 것들이 환하게 마을을 밝힌다.

울음은 산 짐승들의 몫이지.

넋을 기리는 노래
넋을 기리는 노래
산과 산마다 걸려있는 메아리가.

〈잠들지 않는 세계〉 중에서

"우리는 태어나자마자 동시에 눈을 잃은 채 살아가지. 이리저리 내달리다 고꾸라지는 사람들, 무릎을 꿇은 채 기도하는 사람들, 몸부림치는 사람들, 우는 사람들. 저들은 어리석지. 보고 싶어 하기 때문에. 무엇을 보면 살 수 있다고 믿기 때문에."

나는 떨리는 목소리로 그녀에게 되물었다.
"그럼 이 삶은 어디에 있나요."

그녀는 짧게 대답했다.
"아무것도 없어, 아무것도 없다네.
그 무엇도 당신의 것이 아니라는 것을 잊지 말게나.
그저 잠시 존재할 뿐이라는 걸 명심하게."

시골에 살 때였다. 여느 날처럼 나는 하동으로 향하는 길에 첩첩으로 둘러싼 산을 바라보다가 우연히 좁은 비포장 산길에 들어섰다. 방향을 틀 수 없는 좁은 길을 운전하다가, 정체를 알 수 없는 작은 곳간 앞에 차를 세우고 두리번거리다가, 신비한 숲의 초입을 발견하고는 그 길을 따라 걷기 시작했다. 지리산 줄기 중 하나인 계족 산자락이었다. 나는 연유도 모른 채 이전의 습관대로 무턱대고 산을 올랐다. 한때의 내가 산으로 자주 도망쳤듯 말이다. 그곳엔 길이 없었는데도 무엇에 취해서인지 또다시 행동을 제약할 수 없었고, 늘 그래왔듯 수풀을 발로 밟으며 하염없이 올랐다.

서서히 산등성이 너머로 어스름이 내리고 해가 졌다. 분명 산 아래는 이른 시간이었는데 이곳만 다른 시차를 지닌 것처럼 그새 어두워졌다. 해가 지면서 나는 내려가는 방향을 완전히 잃었고, 호흡은 점차 가쁘고 거칠어져 있었다. 한참을 오르다가 가까운 곳에서부터 저 멀리까지, 거뭇해지는 어둠 속에 여러 개의 희미한 불빛을 보았다. 밤잠을 설치는 작은 짐승들의 눈빛처럼, 검은 산을 밝힐 정도의 빛은 아니지만, 산의 골을 따라 작은 깜빡임이 흔들리며 줄을 지어 있었고, 왠지 거기 사람이 산다는 직감이 들었다.

나는 가까운 불빛이 있는 곳으로 올랐다. 가까이 다가가자 노쇠한 별빛처럼 촛불이 켜져 있었다. 나는 어느새 산의 꽤 높은 고지에 닿아 있었다. 알 수 없는 산의 강한 기운에 잠시 다리를 휘청거렸다.

주변에는 어떤 영문인지 크고 작은 돌탑이 빙 둘러 있었다. 이 산의 곳곳에 빨치산 자들이 산다는 소문을 마을 사람들에게서 들었지만, 실상 오르고 보니 이곳은 무당의 집성촌 같았다. 허름한 신전과 집이라고 할 수 없는 막사를 둘러보다가 등 위에서 누군가 바라보는 시선이 느껴지자 등골이 오싹해졌다. 인기척은 없었지만, 누군가 조금 전까지도 있었던 것 같은 예감이 들어 낡은 천막 안을 둘러보니 잔 기침 소리와 함께 노인의 얼굴이 이쪽을 바라보는 게 느껴졌다.

가까이에서 기침 소리가 더 선명히 들리며 초승달처럼 서서히 밝아오는 얼굴이 나를 향해 있었다. 어느덧 흰빛의 테를 보이던 그녀가 가까이 다가오더니 눈빛만으로 잘 왔다고 말하는 듯 손짓했다. 그리고 초를 가져와 내 얼굴에 비춰 보였다. 그리고 긴장한 나를 바라보며 웃고 있었다. 그러나 나는 왠지 그녀를 똑바로 바라볼 수가 없었다.

나는 무언가 홀린 듯한 기분이 들었다. 마치 작은 호수가 던져진 돌에 의해 파문이 일듯, 잠시 당혹감에 눈빛이 흔들렸다. 내가 여기 온 이유를 아는 사람처럼, 그녀는 통성명도 하기 전에 내게 대뜸 말했다.

"기다리고 있었는데 왜 이렇게 늦게 왔지?"

그녀는 그 곁에 초를 하나 더 키며 말했다. "당신이 있어야 할 곳은 저기가 아니라 이곳이지. 나는 알아볼 수 있어. 당신은 나를 닮았거든." 나는 괜스레 주머니 속에 방금 주워 넣은 조약돌을 만지작거리며 이야기를 이어 들었지만, 나의 불안한 표정을 그녀에게 이내 들키고 말았고, 그녀는 멋쩍듯 이곳에 살게 된 이야기를 이어갔다.

"나도 당신과 같은 사람일세. 겁먹지 않아도 되니 안심하게. 우리는 오래전에 세상을 피해 이곳으로 도망을 왔어. 젊은 시절 나는 서울에서 작은 방직공장을 운영했는데 꽤 성공했어. 그러나 동업자로부터 사기를 당하고 한순간 빈털터리가 되었지. 온통 상점은 빨간 딱지가 붙고 가압류 상태가 되었어. 많은 사람이 몰려와 협박과 모함을 일삼았지.

나는 단지 살고 싶어서 도망쳐 온 거야. 정말 맨손과 맨발로 여기까지 오게 되었지. 무언가에 홀리듯 아무도 없는 이곳에 와서 정착하게 되었어. 아무것도 없는 산속에 흙을 파헤쳐 산야초를 캐 먹고, 돌을 캐어 집을 짓고, 이렇게 생활하고 있는 거지. 30년도 더 되었다네. 여기 이 집과 저 건너편 습곡의 돌계단 그리고 사방의 탑들. 모두 내가 수십 년에 걸쳐 한 걸음씩 옮겨 지은 거야. 여기, 집의 모양이 된 지는 10년이 걸렸다네. 나는 모든 걸 잊고자 오로지 돌을 나르는 행위만 했었네. 그게 나의 유일한 기도였다네."

그녀의 작고 거친 손이 이제야 도드라지기 시작했다. 나는 조금씩 안정을 되찾으며 그녀의 내력을 호기심 있게 경청하게 되었다. 살면서 다사다난한 많은 사람을 만나왔지만, 이런 방식으로 삶을 이어가는 사람은 이전에는 단 한 번도 본 적 없었기 때문이다. 그녀는 깍지를 낀 채 이어서 말했다.

"그러다 5년쯤 살고 있을 때, 나는 이유도 없이 크게 아프기 시작했어. 숨을 쉴 수도 없었지. 병원을 찾아가 봤지만, 병명을 알 수 없었어. 무병이었던 거지. 그렇게 내 안에서 깊은 부름을 듣게 되었지. 그리고 모든 아픔이 깨끗이 나았다네. 저 아래 사람들은 우리를 이상한 자라고 불렀지만, 상관없었어. 나는 이곳에 와서야 새 삶을 살고 있으니까. 이곳은 무언가에 지쳐 도망쳐온 사람들, 산의 부름을 받은 사람들이 살고 있네. 이곳에는 외로운 사람들이 오래전부터 터를 잡아 살아가고 있지. 인간을 미워하는 인간까지도, 이곳 산은 모든 어두운 사람들을 안아주고 있다네."

그녀의 언어는 사람을 끌어들이는 마력이 있었고, 나는 어느새 무언가에 취한 사람처럼 이야기를 듣고 있었다. 그녀는 나를 가만히 쳐다보더니 뜸을 들이다 질문을 하기 시작했다.
"무엇이 당신을 이곳에 오게 했지?"

이런 화법은 나를 흥미롭게 하기에 충분했다. 그녀는 내가 왜 이곳을 온 것인지 묻는 것이 아니라 나를 이곳으로 오도록 유도한 무엇을 상기시킴으로써 나를 내밀한 마음의 본류로 이끌어가고 있었던 것이다.
나는 당황하여 바로 대답할 수 없었다. 내가 여기 온 이유가 무엇인지, 내면의 무엇이 나를 이곳으로 이끌었는지 모른다. 그러나 그녀의 말처럼 나는 분명 여기 올 수밖에 없었을 것이다. 무언가를 찾기 위해 세상 어디라도 떠날 각오가 되어 있는 사람이라면, 세상의 모든 끝까지 가본 사람만이 이곳에 올 수 있다는 것을 그녀는 잘 알고 있을 것이다. 그러나 나는 망설이다가 말끝을 흐리며 무엇을 찾고 있는 것 같다고 대답하고 말았다. 그녀는 마치 내 속을 훤히 들여다보는 듯 고개를 끄덕이며 다시금 되묻는 것이다.

"그러니까 당신이 찾고 있는 건 무엇이지?"
나는 주저하다가 다시금 대답했다.
"아마도 알 수 없는 감정의 원인을 찾고 있는 것 같습니다."

그녀는 이미 알고 있었다는 듯 반짝이는 눈빛으로 또다시 묻기 시작했다.
"감정이 어디에 있는가. 그러니까 감정을 느끼는 주체가 누구인가. 묻는 것이네"
나는 그녀의 질문의 의중을 알 수 없어 고개를 갸우뚱거렸다.
"이보게, 당신이 찾지 못하는 것이 여기 가장 가까이에 있는데도 보이지 않는가."

나는 그녀가 정확하게 무엇을 말하고자 하는지 모르겠지만, 깊숙한 말들이 나를 찌르는 것처럼 내게 박히며 들어왔고, 그녀의 언변에 홀려서 나는 아무런 반박도 할 수 없었다.

"그러니까, 무언가를 찾으려 하기보다는 당신이 놓지 못하는 것이 무엇인지를 먼저 찾아야 할걸세. 여기 아무것도 당신을 얽매는 것이 없다는 것을 말이지. 그러니까 무언가 괴롭히고 있는 것은 결국 아무것도 없다는 것을 알게 될걸세. 자신을 특별히 여기는 그 마음까지도 버려야만 하네. 삶이라는 것은 쟁취하는 것이 아니라 그저 잠시 우리 앞에 놓여 있는 것이고, 단지 흘러가는 것에 불과하네. 그저 우리는 잠시 머물 뿐이라는 것을 명심하게. 존재의 의미를 두지 말라는 말일세."

이미 산은 밤의 폭 안에 들어와 앞이 보이지 않을 만큼 어두웠다. 이곳에는 전기가 들어오지 않아 촛불에 의지해 간신히 방향을 가늠했다. 그녀는 하산하려는 나의 팔목을 붙잡더니 밤이 깊고 너무 늦었으니 내일 아침에 생각해 보고 내려가라며 만류했다. 작은 막사도 나름의 구색을 갖춰 좁은 공간 하나가 있었고, 나는 고단한 나그네들이 쉬어가는 작은방에서 산 승냥이와 지빠귀의 울음소리를 들으며 잠을 청했다. 내가 왜 이곳에 잠을 자려 하는지 알 수 없었다. 그렇다고 이 깊은 어둠 속에서 달리 무언가를 어떻게 할 방법도 없었다.

모포를 덮고 누우니 주변은 온통 고요했고, 시간과 시간이 끊긴, 마치 세상에 없는 어떤 장소에 머물러 있는 것 같았다. 삶과 죽음의 최후의 다리를 건너는 사람이 마지막으로 느낄듯한 검은 고요. 방전된 시간의 틈에서 나는 검은 눈을 뜬 채 잠을 취하지 못해 뒤척였다.

내어준 방에서 잠시 눈을 감고 있으니 낮고 작은 것들의 걸음 소리가 들리기 시작했다. 바깥을 바라보니 추적추적 안개비가 내리고 있었다. 나는 그 순간 정신이 한 꺼풀 벗겨지며 눈을 비볐다.

'왜 내가 여기에 있는 것이지? 도대체 무엇을 들었던 거지?'
"당신은 무당이 되어야 할 사람." 그녀가 내게 한 이 한마디의 말이 내 안에 계속 방울 소리처럼 맴돌며 혼란하게 했다. 어떻게 알았던 것일까. 내가 평범한 삶을 포기한 채 어딘가에 귀의하려 한다는 사실을. 혼란스럽기보다는 나도 이미 알고 있었다는 듯 끄덕이는 마음과 아직 받아드릴 마음의 준비가 되지 않았다고 저항하는 마음이 대립했다.

아무 인기척도 들리지 않은 여명 속에서 나는 마치 꿈에서 깨어나듯 자리를 박차고 일어났다. 돌탑 사이에 켜져 있던 밀랍 초는 밤새 녹아내려 하얀 얼룩만 남아 있었고, 첩첩산중의 운무 속에서 저 멀리 무속인들의 종소리가 들려왔다. 나는 모든 상황이 갑자기 무서워서, 그녀가 깨어나기도 전에 여명의 산을 헤치며 서둘러 달렸다. 그날의 기억을 되짚어보면 마치 추적자에게 쫓기는 범죄자처럼 허겁지겁 내려오는 젖은 발의 장면과 거친 호흡 소리뿐이었다.

한참을 걷다 보니 어둠 속 아랫마을에 집들이 하나둘 보이기 시작했다. 새벽의 마을은 작은 등마저 다 꺼져 있어 아무도 살지 않는 유령마을 같았다. 차를 세워둔 곳을 기억해내지 못한 채 무언가 홀린 것처럼 검은 언덕의 길목을 여러 차례 빙빙 돌며 내내 길을 헤맸고, 그렇게 가까스로 익숙한 길을 내려와 차를 발견했을 때, 다리의 힘이 풀리면서 주저앉아 호흡을 가다듬기 시작했다.
시동을 켠 차 안에 앉아있으니 도로 바닥에서부터 서서히 스멀스멀 일어서는 흰 물안개가 보였다. 이상한 날이라는 생각을 떨치지 못한 채, 운전대를 꽉 붙잡고 집으로 향했다. 닿을 수 없는 저편에서부터 여명이 서서히 산을 타고 오르는 것을 보며 도로를 빠르게 내달렸다. 곧이어 강 건넛마을에서부터 아침 닭이 울기 시작하면서 나의 기억은 서서히 소강하기 시작한다.

지금 생각해 보아도 내가 왜 그곳을 지나가다가 산을 올랐는지 모른다. 다만 나는 그날 한밤의 사건 이후 집에 돌아와 깊은 잠이 들었고, 심한 고열의 몸살에 며칠을 앓아누웠으며, 까마득한 꿈을 걷다가 아침의 태양 볕에 다시 눈을 떴을 때. 세상이 조금 다르게 보였다는 것만 기억한다.

지금까지도 그날의 사건은 인생에 손꼽히는 명장면으로 회자된다. 이상하게도 그날 그녀의 언어는 나의 마음을 관통했고, 그날 이후, 그녀가 내게 마지막으로 한 이야기들은 한동안 가슴에 남아 삶의 방향을 결정한 가장 큰 요인이 되었다.

"가엽고 딱한 사람이군. 나처럼 부침이 심하고, 역마살도 심

하군, 가까이 의지할 사람도 없고, 주변에 보이는 사람도
한 명 없군, 그리고…"
아무것도 말하지 않았는데 그녀는 갑자기 나의 내력을 술
술 읊었다. 그리고 뜸 들이다가 이어서 말했다.

"마치 주인의 손에 쥐어진 목줄에 끌려가는 작은 동물처럼
약자는 강자의 삶에 지배받을 수밖에 없어. 앞날을 알 수 없
는 인생에 전복되지. 스스로 강해져서 그 줄을 끊어내야만
하네. 그들이 만들어 놓은 삶은 그들의 것이지 당신의 것이
아니라는 것을, 오랫동안 가슴속에 품어왔던 고통이 결코
당신의 것이 아니라는 것을 서서히 알아가게 될 것이네. 당
신이 어떤 삶 속에서 태어났건, 어떤 환경이든 그건 당신
의 잘못이 아니지. 극복의 대상도 아니라네. 나는 업을 끊
어내지 못한 채 어둠 속 터널 속에서 나머지의 생을 살아
가는 이들을 많이 보았네. 고통을 끊지 못해 그 속에서 영
원히 살아가는 사람들 말일세. 가만히 당신의 고통을 주시
해 보면 거기는 아무것도 없다는 것을 알게 될걸세. 당신이
놓지 못하는 과거 따위는 없네. 마음이 심은 허상일 뿐. 당
신은 무엇을 벗어나려 하기 이전에 그것에서부터 벗어나야
할 걸세. 방황을 끊어내는 건 자신뿐이다는 걸 명심하게."

그녀는 너무나도 강한 눈빛으로 나를 바라보며 말했다. 너무 많은 말들이 한 번에 들어와 내 마음을 어지럽혔다. 그러나 곧이어 서서히 하나의 의미가 귓전에 맴돌았다.
"스스로가 삶의 주축이 되어야 하네. 어떤 삶을 살더라도 부디 나약한 생각을 떨쳐버리게. 애초에 당신의 것이 아니었을 그것을."

시간이 한참 흘러, 그날을 잊고 살다가, 다시금 우연히 그 길을 지나가다가, 불현듯 어떤 기억이 우뚝 솟아올라 달리는 차를 세워두고서, 그날의 산을 바라보며 서 있다.
그때, 정상에서부터 어떤 메아리가 울리는 듯했다.
"아무것도 없어, 아무것도 없다네. 그 무엇도 당신의 것이 아니라는 것을 잊지 말게. 그저 잠시 존재할 뿐이라는 걸 명심하게."

나는 저 멀리에서부터 서서히 울려 퍼지는 선명한 메아리를 듣고 있다. '다시 올라갈 수 있을까. 거기에 여전히 돌탑과 반짝이는 촛불, 희붐한 초승달 같은 그녀가 아직도 살고 있을까. 아니다. 아무것도 없을 것 같다. 그날은 단지 하나의 자각몽이었을까.'

그날 이후, 집에 돌아와서도 무언가를 계속 생각했다. 너무나도 강렬히 뇌리에 박힌 꿈에 대해서 말이다. 그녀의 눈빛과 표정, 목소리를 상기한 채 나는 인생에 대해서 깊이 생각했다. 그녀의 말처럼 내가 다른 사람들과는 다른 팔자를 지녔다는 것과 나의 뜻은 이미 세상의 것이 아닌 다른 곳에 있다는 것을 나 역시도 오래전부터 인지하고 있었다.

내가 이런 삶의 길로 접어들게 된 것은 어쩌면 당연한 건지도 모른다. 엉클어진 가족력, 유전적이거나 혈연에 의한 알 수 없는 삶의 통증이 그림자처럼 내 어깨 위에 매달려 앞으로 나아가지 못하게 하고, 내가 모르는 슬픔 앞에 줄곧 잠식되곤 했다. 나는 나를 옥죄는 알 수 없는 불행과 슬픔, 생의 불안으로부터 해방되고 싶었다. 아무런 사랑을 받지 못하고, 인정받지 못하며, 축복받지 못하는 이 존재의 의구심을 극복해야 했다. 세상의 끝까지 도망치려 했으나 어디를 가도 나약한 나를 벗어날 수 없었다. 이 육체에 갇힌 나는 마치 좁은 감옥 같았고, 그 안에서 엎치락뒤치락 저항하는 마음이 절망스러웠다.

당시 나는 온통 나라는 사람과 이 삶의 고통을, 삶의 혜안을 구하는 일에만 열중했었다. 그러다 보니 세상일이나 보편적인 삶, 소소한 타인의 일상에 대해서도 큰 관심이 없었고, 자연스레 세상과 멀어져 점차 내 안에 정좌하고 들어가는 시간이 늘어갔다. 그러면서부터 어느덧 일반인이 아닌 수행자의 길을 걷게 되었다. 나는 내 안의 무수한 목소리를 들으며 해답을 찾고자 애썼다. 그리하여 언제부터인가 신앙인으로서 귀의할 방법을 찾고 있었고, 비구니가 될 절차를 알아보았으나 유감스럽게도 종교가 없었기에 삶을 향한 간절함은 무모한 기도에 가까웠다.

그러다 우연히 산속에서 그녀가 꿰어보듯 말했던 그날로부터, 지난날의 고민이 무색할 만큼 내면에 많은 변화가 일어났다. 왠지 새로 태어난 것 같았고, 마음을 또 한 번 탈각한 것 같았다. 그리고 무언가 내 안에 다른 강인한 존재가 자리한 듯했다. 나는 종교인으로서의 귀의를 반려하기로 마음먹었고, 새로운 삶을 다시 모색하기 시작했다. 또 다른 세상을 살아갈 준비가 된 것이다.
그것은 내가 그동안 지녀온 모든 내력으로부터, 필연으로부터 작별을 고하고 정신적인 독립을 이루는 것이었다. 그것은 가장 어려운 삶의 숙제와 다름이 없었다.

나는 단일한 사건만으로 형성된 것이 아니라 복잡하고 기밀한 유전과 정신과 영혼으로 이루어져 있기 때문이다. 그러나 그것을 해결함으로써 다른 삶으로 나아갈 수 있을 것이라 믿어 보았다. 나는 과거의 나를 떠나기로 작정했다. 나라고 여겼던 모든 허물을 벗어던져야 했던 것이다.

삶이 수만 번 깨어져 나아가기 위해서 우리는 얼마나 많은 아픔 앞에 놓여야 하나, 얼마나 많은 마음과 작별해야 하나. 나는 그 무엇과도 무관할 용기가 필요했다. 나는 이제 나의 나약한 습성을 부모라는 변명 뒤로 숨는 사람이 되고 싶지 않았다. 모든 것이 이렇게 설계되어온 불운이라고 믿음으로써, 실은 그렇게라도 애써 합리화함으로써 부족한 현재를 타인의 탓으로 돌리는, 나약과 비겁함에서 헤어져야 할 시간이 온 것이다. 한 번씩 찾아드는 생이라는 무거움과 서러움 앞에서 자주 무너져 내리며 원망의 대상을 찾던 지난날로부터 이제는 떠날 시간이 온 것이다.

또한 나를 어렵게 만든 이들과 고별할 시간이 온 것이다. 그들의 삶과 이 삶은 너무나도 명백히 다른 세계라는 것을 아무도 인정하지 않더라도 나는 받아들일 준비가 되어있었다.

*그들이 나라는 특별한 존재를 이미 예견하고 낳은 것이 아니라는 것을 이제는 안다. 유감스럽게도 애초에 나는, 이 세상에 필연적인 존재가 아니라 우발적으로 발생되었으며 삶은 당혹스럽게도 그 무엇도 의지대로 되는 종류의 것이 아니었으며, 그리하여 이 존재가 엄청 대단하고 특별한 의미로 살아가는 것이 아니라는 것 말이다. 인간의 고통은 존재의 타당함을 증명하고자 함에서 발병한다는 것을 나는 간과하고 살았으며, 삶의 열의는 존재의 결핍 의식에서 시작된 것임을 알게 된 것이다.

그날부터였을까. 삶이란 그렇게 의미심장하고 대단한 것이 아니라, 우연한 연속으로 시간과 사건을 통과하며 강물처럼 흐르고 사라진다는 사실은 이 삶을 더는 입증할 이유가 없음을 자각하게 했다. 세상의 일부로써 그저 왔다가 사라지는 섭리를 이해하게 되었으며. 그렇게 나는 더 이상 그 무엇으로 살아내고자 하는 의지, 의지라는 포장으로 뒤덮인, 실은 나약하고도 변명뿐인 욕구를 내려놓았다. 이곳 대 자연 속에서 자연과 함께 자연하게 살아지고 사라지는 삶. 삶은 단지 그것뿐이었다. 이러한 진리는 무기력하거나 염세적인 것이 아니었고, 나를 최초로 자유로운 영혼으로 살게 했다. 그 무엇도 구속할 수 없는 존재 말이다. 그렇게 수년이 지나고 나서야 나는 온전히 나 자신으로 돌아올 수 있었다. 필연으로부터 해방된 존재. 내가 어디서 왔고 어디로 가는지 더 이상 떠올리지 않아도 되는 존재. 삶의 무지로부터의 고통. 내 핏줄 속에 함께 각인되어 물려받은 불행으로부터 완전히 벗어난 존재.

대단한 깨달음은 아니지만, 지금 이 글을 쓰고 있는 나는 당시 발버둥 치며 홀로 서 보겠다고 애썼던 지난날의 내 모습을 본다. 지금의 나를 이루어 내기 위한 시간 말이다.

이 불안과 감정의 원인을 찾기 위해서는 나의 유년 시절로 돌아갈 수밖에 없었고, 모든 근원이었던 가족과 부모에 대한 개연성을 말할 수밖에 없었다. 모든 마음의 발화점은 탄생과 연관이 깊기 때문이다.

―살수록 간절한 이 내력을 누가 알아줄까 싶지만, 삶도 죽음도 어쨌거나 나의 것이어서, 서로의 형편과 사정은 하나일 수 없어서 더 외로웠지만, 저마다 짊어지고 가야 할 생의 길이 있고, 인생은 오로지 각자의 몫이라 믿었다. 나는 나를 믿었다.

〈리타의 정원〉 중에서

그 시절 나는 이미 여러 번 죽었으며, 여러 번 태어났다. 삶이 반복될수록 타인이 아닌 나를 살려는 마음이 점차 강해져 갔다. 이 길을 막을 사람은 아무도 없다. 이제, 오랫동안 나를 위로했던 자연 속에서 단 하나의, 내 삶의 시간을 향유하며 맑은 마음으로 살고 싶다고 생각한다.

〈리타의 정원〉 중에서

또 한 번 태어나기까지

09

그녀를 만나기 전의 시간으로 돌아가 또 하나의 일화를 말하지 않을 수 없다. 언급했듯, 당시 나는 수녀나 비구니가 되려 했으나 종교가 없었다. 결정적으로 나는 특정 신을 믿지 않았다. 종교가 없었던 탓에 귀의할 곳이 마땅치 않아 혼자, 나만의 기도로 오랜 수행을 해 나갔었다. 나는 오전의 이른 밭일을 마치고 남은 시간에 깊은 명상에 들곤 했다. 존재에 대한 갈등이 점멸하는 기분을 느낄 때는 유일하게 명상하는 시간뿐이었다.

명상은 수 시간 이어져 깨어나기 어려울 만큼 깊었다. 물론 가르침을 주는 스승이 없던 탓에 수행법이나 명상법을 배운 적이 없었고, 오로지 나 자신에 의지해 그것을 해 나갔다.

그렇게 오랜 시간 명상을 지속하다 보니 나만의 호흡법을 터득하고 명상법을 갖추게 되었다. 의식을 한곳으로 모으는 나만의 방법이 생겨났고, 자세가 생겨났다. 진녹빛 감나무가 보이는 커다란 창을 바라보며 몸의 모든 힘을 빼고 편안하게 정좌한 후, 규칙적으로 천천히 들이마시고 내쉬는 호흡 속으로, 나를 맡겼다. 감각과 느낌을 그대로 주시하면서, 존재로서가 아니라 하나의 의식이거나 상태, 하나의 현상으로서 머물러 있으면 나는 육체적 감각을 서서히 잊고, 공간 그 자체가 되었다. 바라보고 있는 그 무엇이 되었다. 단지 그 무엇이 되어 가만히 바라보기만 하면 되었다.

그러니까 호흡하며, 아니 호흡하는 것이 아니라 호흡으로서, 피부에 닿는 감각과 손끝의 움직임을 거의 느끼지 못할 때까지, 모든 것이 투명해진 나를 통과할 때까지, 단지 나는 여기 내리쬐는 빛이나 바람으로서, 혹은 공기로서 머물러 있다가 점차 깊은 호흡 속으로 빨려 들어갔다.

그러면 어느새 세상은 콧등의 언저리쯤에서 소실점을 만들며 사라져갔다. 비행기가 막 이륙하듯 의식의 내부에서 몇 번의 상승감을 느끼면 어느덧 나는 구름의 성층권을 뚫고 아무것도 없는 태초의 세계, 그러니까 깊이 빨려 들어가 아무것도 자극할 수 없는 무감각의 세계에 도달하게 되는 것이다.
그 뒤로는 모든 감각을 상실하여 나 자신이라고 느끼는 모든 것으로부터 해방됨을 느꼈다. 아무것도 침투하지 않은 세계, 무아의 세계. 내가 꿈꾸던 완전한 해탈을 위해 나는 점점 더 그 행위에 몰두해갔다.

그렇게 수년간 나는 깨달음을 구하는 의식에만 집중했다. 자아가 사라지는 이 마법을 통해 나는 감정을 종식하는 방법을 알았고, 그리고 그것이 내게서 머무르거나 내 육신에 깃들지 않고 떠나가게 하는 방법을 터득했다. 고통과 불안, 우울이라는 감정이 숙주로 여기며 기거하는 육신의 소멸감을 느낄 때, 고통도 함께 사라져버리는 것이다.

이로써 나는 감정이 나를 공격하는 대상이 아니라 그것을 나라고 여기는 착각이 문제임을 의식하고, 그것을 없앨 수 있는 원인이 환경 등의 외부가 아니라 나 자신이라는 것을 알아가게 되었다. 그것은 실로 엄청난 사건이고 진전이었다.

그러니까 하나의 사물이 창틀에 비칠 때, 그것을 붙잡고 왜곡하는 것이 아니라, 그것이 비치고, 흔들리고, 사라지도록 내버려 두어야 하는 것이다. 나는 고통을 느낄 수 없는 마음이 되었으므로. 나를 통해 반영되어 잠시 모습을 드러낸 감정은 나를 괴롭히지 못한 채 사라져 갔다. 그렇게 나는 아무것도 옭아매지 못하도록 계속해서 명상을 통해 나를 비워나갔고, 그 순간에는 잠시나마 투명할 수 있었다.

그러나 오랜 기간 명상을 지속해오자 언제부터인가 그 이상의 무엇이 나를 지배하기에 이르렀다. 내게 없던 또 하나의 감각을 갖게 된 것이다. 육감으로서의 존재가 아닌 영체로서의 감각. 그것은 긍정적 신호보다는 부작용에 가까웠다. 나는 깊은 삼매의 행위를 통해 의식의 꼭짓점에서 깊은 무언가에 분명 닿았음을 자주 느끼곤 했다.

그것이 신이라고는 장담 못 하겠으나 그것을 알기 위해 더 깊이, 더 깊은 내면으로 한 걸음씩 걸어 들어갔다. 그 깊이에 닿아, 충돌하는 강렬한 느낌은 아무나 알 수 있는 것이 아니고, 말하거나 설명할 수 있는 종류의 것이 아니었다. 이 보이지 않는 감각을 믿을 수밖에 없는 세계가 여기 있었고, 내가 모르는 느낌을 하나씩 취할수록 나는 점차 이 행위에 자주 빠져들었으며, 누군가 옆에서 흔들어 깨워야 할 만큼 나는 깊은 내면의 렘 상태에 들었다.

당시 인도에서 직접의 요가를 배우며 불교의 명상법에도 조예가 깊으며 영적 가치관이 잘 맞았던 윤은 나의 상황을 주시하며 내가 지금 하는 방식이 명상을 넘어선 삼매와 흡사한 경지라며 놀라워했다. 그러나 많은 명상가가 내부의 변화를 감지하는 순간 어떤 확신 속에 되레 부작용이나 잘못된 길로 빠져버린다는 위험성도 이야기해주었다.

"지금은 일단 멈춘 채 누군가의 도움이 필요해 보여. 무아의 경지를 향한 탐구는 좋지만, 많은 요기들이 깨어나지 못하는 잠의 상태에 빠져버리곤 하지. 나는 영원히 수면에 든 명상가들에 대해 많이 들어왔어. 그녀는 작은 손을 깍지 낀 채 이어서 말했다. 당장 지금 하고 있는 것을 경험해 본 지혜의 스승을 찾아봐야 해."

줄곧 가까이에서 나를 지켜보던 윤은 이미 알아봤을 것이다. 보이지 않는 것에 너무 맹목적인 나머지 나의 눈빛이 점차 오랜 시간에 걸쳐 변해가는 것을. 말이다.

그녀는 어느 날 명상 중인 나를 방문했다. 그리고 내가 명상이 끝난 후, 정신의 흐름이 깨지지 않도록 한참을 침묵으로 배려하더니 내어준 차 한 잔을 마시며 차근한 음조로 이야기를 이어 나갔다. 들고 있는 찻잔을 가리키며.

"너는 이 컵 속의 차 같아. 맑고 투명하지. 그러나 투명한 것은 쉽게 탁해질 수도 있어. 하고 싶은 말은 오랜 명상을 통해 영을 너무 투명하게 연 상태가 된 거야. 그것을 견디어 내려면 내부의 자생적인 에너지가 강해야 하는데, 그러기에 너는 지금 너무 심약한 상태야. 그 말은 즉, 온갖 강한 잡귀와 영혼이 내 안으로 들어올 수도 있다는 거야. 밥 좀 챙겨 먹어, 이 팔을 봐. 영양실조 걸릴 것 같아. 뭘 먹지도 않고 그러면 안 돼. 부처도 보드가야에서 6년의 고행 끝에 유미죽을 먹고 나서야 깨달음을 얻었다는데 의식을 지속하기 위해서는 몸이 먼저인 것 같아. 명상을 잠시 끊고 몸부터 회복해야 마음도 건강해지니까."

맞다. 나는 밥을 잘 못 챙겨 먹는 시간이 많아졌고, 몸무게가 10킬로 넘게 빠져있었다. 통통했던 볼은 어느덧 홀쭉하게 패어 있었고, 말 수가 점점 줄어들어 아예 말을 안 하는 날이 많아졌으며 앙다문 입은 얼굴의 자리에 없는 것 같았다. 어느덧 나도 모르게 표정의 매무새가 달라져 있었다.

영혼의 티끌까지 맑게 정화하다 보면 감각은 기민해져 작은 에너지나 기운도 감지하게 된다. 그러다 불현듯 오감 외의 느낄 수 없는 것, 그러니까 비워진 육신 안으로 커다란 무언가 훅 들어오는 이질감을 느꼈고, 내 영혼이 아닌 무엇, 육중한 미시감과 함께 눈을 뜨면 미간보다 조금 더 높은 시선으로 세상을 주시하는 내 안의 무언가 자리하고 있었다. 보이지 않는 영역의 것들이 엄습하자 나는 호흡이 가빠지며 명상에서 서둘러 깨어나기를 시도했다. 깨어나 다시금 나로서 돌아오기까지 점점 더 시간이 지연되었다. 이것을 설명할 방법이 없었고, 인간의 언어로는 도무지 없었으며, 이 명료한 의식을 설명할 사람도 없었다.

'신을 본 것일까. 일종의 신내림이었을까.' 그렇게 시간이 한참 지나 나는 한동안 무병에 걸리듯 앓았다. 병원에 가도 병명과 원인을 알 수 없었다. 동네 사람들은 점차 야위어가는 나를 걱정을 하며 아마도 이곳의 지형 때문이라고, 아가씨 혼자 이 커다란 자연의 기를 받아내는 건 쉽지 않을 것이라고 삼삼한 위로를 해 주었다. 다시금 내게 없던 근심이 수면 위로 부상하기 시작했다.

삶의 진리를 발굴하기 위해 심연을 들여다보는 일은 밑도 끝도 없는 암흑 속으로 들어가는 기분이고, 파헤칠수록 정신의 죽음에 더 근접해져 가는 듯했다. 나는 두려웠다. '깨닫고자 하는 인간의 열망을 내려놓은 채 주어진 인간의 본분으로, 망각의 동물로서 살라는 신의 경고일까, 아니면 새로운 그 무엇을 받아들이기 거부하는 자아의 저항일까.' 처음 느끼는 이명과 공포, 이 감각을 어떻게 해야 할까. 나는 내면의 그 무엇과 다시금 강렬히 대항하고 있었다. 이 알 수 없는 불안과 의문을 해소하기 위해 조언을 구하고자 하였지만, 그럴만한 참 스승이 주변에 없었기에 나는 다시금 방황이 시작되었다.

그때, 나는 무언가에 홀리듯 산을 올랐고, 우연히 산속에 사는 그녀를 만났던 것이다. '그녀는 내 눈빛을 통해 무엇을 읽은 것일까, 내 내면의 어디까지 다녀왔던 것일까, 나의 영은 잠기지 않은 문이 되어 이렇게 들키기 쉬운 육신인 걸까.'

그날 나는 처음 만난 그녀에게 너무 많은 삶의 고백을 해버렸다. 그리고 그녀는 신기하게도 나의 내부에 갇혀 있는 거대한 무언가를 끄집어내어 저 멀리 쫓아내 주었다.

그날의 비밀스러운 사건은 묵은 삶을 환기하며 다시금 다른 길로 향하게 한 계기가 되어 주었다. 나는 다시금 운명을 벗어나고자 시도했다. 그것은 삶의 극단적 선택이 아니라 양면을 통섭한 중도를 찾아 나서는 삶이었다. 그러니까 그 무엇도 맹신하지 않기로 결심한 것이다. 하나의 무언가를 믿음으로써 그것을 제외한 나머지 것을 자꾸만 놓친다는 사실을 알게 되었으므로, 양면으로 이루어진 삶의 모든 현상을 균형 있게 저울질할 수 있어야 했다. 세상을 등진 채 가만히 앉아 내면으로만 파고들며, 명상을 통해서만 진리를 발견하려 했던 시도가 나머지의 삶을 다시금 어렵게 만든다는 것을 뒤늦게 깨우치게 된 것이다.

이곳 시골에 오래 머무르며 현실을 외면한 작은 울타리 속의 삶에만 치우쳐져 있었던 까닭에 반대편에는 해결되지 않는 고민이 증폭되고 있었다. 그중 하나는 현실적인 문제였는데, 욕망을 내려놓은 채 소박함을 추구하는 삶 속에서 생계를 지속하는 것이 쉽지 않아 경제적 어려움과 가난에 몸이 망가져 나는 결국 백기를 들고 말았다. 그때, 다시금 생은 깊어져 가는 고민 앞에 또 다른 하나의 갈림길을 눈앞에 펼쳐 놓았고, 나는 무작정 그 길로 향하게 되었다.

그 길은 고요하고 평화롭거나 아름다운 자연이 아니라, 당혹스럽게도 정반대의 환경, 빠르고 급격한 도심의 한 가운데였다. 그렇게 나는 내가 가진 이념을 완전히 뒤집어놓고, 다시 살기 시작했다. 5년이라는 짧으면서도 긴 시골 생활의 종지부를 찍고 다시 도시로 이주했고, 내가 시골에 있을 때는 겪지 못한 치열함 속에서 또 다른 삶의 방식을 배우게 되었다. 이곳은 사색이나 성찰할 수 없을 만큼 분주하고 빠르게 흘러갔다. 숱한 사람들 속에서, 직면한 현실 속에서, 잦은 갈증과 내면의 전쟁 속에서, 되려 나의 무병과도 같았던 혼란이 서서히 사라져 갔다.

의식이 바뀌자 많은 것들이 변하기 시작했다. 당시 몇몇 스님들은 심약해진 나를 인도하고자 시도했지만, 나는 종교를 믿지 않았고, 그들의 삶을 신뢰하지 않았다. 그러니까 삶은 그곳에 없고, 이곳 현실에 있다는 것을 깨우쳤기 때문이다. 삶은 이상에 없고, 내가 발붙이고 생계를 벌어 살아가는 여기 있었다. 그리하여 어느덧 나는 숱한 수행가보다 현실 속 직장인들의 삶을 더 동경하기 시작했다. 이 현실의 한복판, 삶의 한 가운데서, 부단히 깨지며 깨우치며 살아가는 우리네 평범한 사람들 말이다. 그리하여 종교인들이 나를 설득하려 할 때, 반박하기에 이르렀다. "나는 이제 더 이상 도망치지 않을 것입니다. 실은 현실이야말로 아수라가 아닌, 성찰할 수 있는 진정한 장소인 듯합니다. 진짜 수행은 거기가 아닌 여기 있다고 믿기 시작했습니다."

진정한 수행자는 깊은 고요의 산속에서 수행하는 것이 아니라 이곳. 세상 한 가운데에 들어가 충돌하고, 부딪치고, 고통받고, 울며불며 몸소 정신과 마음을 가공하는 사는 사람이라는 것을 알게 된 것이다. 그리고 세상의 회오리 속에서 새로운 사실을 알게 되었다. 영혼, 정신, 마음은 아무도 해칠 수 없다는 것을. 결국 긴 시간을 돌아 내가 찾은 것은 아무것도 없다는 것을. 깨달음 자체도 허상이라는 것을. 말이다.

그렇게 또다시 5년의 세월이 지났고, 나는 무수히 뒤바뀌고 태어나며 나에게서 더 멀어져 갔다. 나는 얼마나 많은 나의 죽음들 앞에서 다시금 비상했을까.
현재의 나는 지나간 나를 멀리 관조하고 있다. 계시처럼 다가와서 나를 관통하며 일깨우며 가지런히 자리를 찾은 길들을 바라본다. 한때는 지독하게도 나였던, 나날들 말이다.

산을 닮은 사람

10

봄이면 어김없이 산동으로 놀러 갔다. 구례와 곡성과 남원 사이, 가장 먼저 봄을 알리는 노란 산수유꽃이 전체를 뒤덮는 마을, 온통 노란 동산과 언덕 위의 집들, 곳곳의 새소리와 염소 소리. 봄마다 산동을 방문할 때면 이곳만의 특유의 분위기 때문에 멀리 여행하러 온 기분이 들었다.

산을 떠올리다 보면 빠짐없이 생각나는 친구가 있다. 눈도 크고, 키도 크고, 동작 큰 친구, 어설픈 한국어로 늘 즐겁게 말하는 오랜 벗. 로는 산동에 살았다. 그는 뉴질랜드인 모국에서 경찰을 하며 평범하게 살아가다가 짧게 한국 여행을 하게 되었는데 우연히 지리산 종주를 하다가 한국의 강산에 매료되어 나처럼 이곳에 정착하게 되었다. 지리산 천왕봉을 시작으로 한반도 척추의 산줄기를 타며 어느 날 한국에서 산악인으로 살아가기로 결심한 그는 남쪽 끝에서부터 산의 정맥을 타고 오르다가 남과 북의 경계에 다다랐을 때, 아무도 갈 수 없는 저편의 산을 밟고 싶다는 마음이 간절했다고 한다. 더는 등반을 이어갈 수 없음에도 그는 포기하지 않고 여러 시도 끝에, 끝내 남북으로 이어진 백두대간을 실제로 완주해 버린 것이다. (물론 그 과정은 불가능에 가까웠고 남과 북의 허가를 동시에 받아야 하는 어려운 협상도 해야 했지만, 그는 결국 외국인 최초로 남북의 백두대간을 종주한 사람이 되었다)

꿈을 꾸는 것이 아닌 꿈을 사는 정신적인 사람이 몇이나 될까. 없다. 내가 직접 만난 사람 중에서는 정말 세 손가락 안에 꼽힐 만큼 드물다. 그는 내가 제일 존경하는 인물인 김영갑과 다비드 넬을 닮았다. 그는 늘 자신만의 뚜렷한 신념 속에서 흔들림 없었고, 그 신념은 늘 불가능을 가능케 했으며, 늘 도전을 멈추지 않았으며, 곁에서 나는 깊은 영감을 받았다.

그런 로와의 인연은 어떻게 시작되었는지 잘 기억이 나지 않는다. 언제부터, 어떻게 우리가 만나게 된 건지는 이상하게 떠오르지 않는다. 산에서 만났을까, 일과 관련된 소개로 만났던 것일까. 원래 알고 있었던 사이처럼 그는 낯설거나 전혀 어색하지 않았고, 어느새 서로는 제법 막역한 사이가 되어있었다.

그를 만날 때면, 늘 자신이 다녀온 산의 사진을 보여주곤 했는데 그때의 표정에는 어떤 힘이 담겨 있었고, 나는 내가 가지지 못한 면모를 지닌 그에게서 삶의 자세를 배워나갔다.

우리는 당시 한국 문화 체험 프로그램을 함께 진행했었는데 그는 외국인 관광객의 여행과 산악을 도왔고, 나는 외국인들에게 문화와 단청을 가르쳤던 기억이 난다. 시간이 흘러 우리는 언제부터인가 자주 만났으며, 그는 언제부터인가 늘 한결같이 내 곁에 머물러 있었다, 건강상의 이유로 내가 이곳을 떠나기 전까지, 그러니까 그를 거의 막바지에 알게 되었다는 것만 기억하고 있는데 첫 만남의 기억은 없지만, 유난히 인상 깊었던 마지막의 추억이 여전히 우리를 지속하게 하고 있는지도 모른다고 생각했다.

우리의 외모나 성격은 한눈에 보아도 너무 달라 보였지만, 생각해 보면 우리에겐 묘한 공통점이 있어 보였다. 무언가에 이끌려 살아가는 삶의 형태나, 앞뒤 따지지 않는 도전이나, 대책이 없음에도 용감한 정신이나 타국의, 이방인의 외로움 같은 것 말이다.
무엇보다 우리를 기꺼이 연결해 주는 것은 산이었고, 산의 이끌림으로 이곳에 안주하게 된 공통점이 우리를 더 결속해 주었다. 그리고 우리는 언어가 아닌 그 무엇으로, 그러니까 보이지 않는 무언가의 믿음으로 소통하며 영혼이나 정신에 관한 이야기를 자주 나누곤 했다.

"내가 이곳 지리산에 도착했을 때, 한 번도 경험한 적 없는 영험을 느꼈지. 네 말대로 나의 모국은 드넓은 자연과 풍광이 더없이 아름다운 나라지만, 이곳 한국에는 그곳에 없는 무언가가 있어. 나를 이끄는 강한 기운 같은 것 말이야. 나는 그것을 좇아가야 했고, 모국으로 돌아갈 수 없었지. 모르겠어. 하지만 나는 나를 취하게 하는 그것을 따라야 한다는 것만 직감해. 나는 산을 오를 때마다 그 무엇을 선명히 느껴. 어떤 정신적인 것 말이야. 한국은 정말 특별한 곳이지. 아름다움 그 이상의 무언가가 있어."

"맞아. 나는 그 말의 의미를 정확히 알 것 같아. 나 역시 떠돌다가 같은 연유로 이곳에 왔으니까."

세상 어느 나라의 자연도 한국에서와 같은 고유한 기운이 없었다. 잘 다듬어진 정원수나 키 큰 나무가 많은, 숱하게 돌아다녔던 해외에서는 느끼지 못한 이 나라의 산수는 날것 그대로의 지독하고 강한 그 무엇이 있었다. 그것을 어떻게 설명할 수 있을까. 마치 자연에 서려 있는 한 같은 것, 곡조 같은 것, 어떤 침묵의 밀도 같은 것, 청량함을 넘어 스산하면서도 발목이나 목덜미에 감기는 오묘한 기운 같은 것 말이다.

여기 산속 갈매빛 소나무나 잣나무에서 뿜어대는 기세등등한 녹음, 짙붉은 토양, 싸한 돌의 기운들, 매서운 산의 얼굴, 나는 이 땅에 존재하는 것과 태어난 것들을 떠올렸다.

"그래서일까, 로. 오래전 네팔에 여행 갔을 때, 크고 작은 산마을에 머물다가 하늘 높이의 히말라야 산맥을 바라보며 그런 의문이 들었는데, 현지에서 친해진 한국 산악인들에게 그냥 여기서 산삼 캐다가 한국에 팔며 살아도 되지 않을까. 물어본 적 있어. 지천이 다 거대한 산이니까 산삼이 얼마나 많겠어. 잘하면 부자가 될 수도 있지 않을까.라고 말이야. 농담 반 진심 반 말했을 때, 그들은 웃으며 이런 이야기를 들려주곤 했어. 한국이 아닌 산의 산삼은 그저 약효가 없는 식물의 뿌리에 불과하다고, 한국은 음양이 강하게 부딪치는 특이 지형 때문에 세계 어디에도 없는 氣가 서려 있다고, 그래서 야초도 약초가 되고, 특효한 산삼이 되는 거라고 말이야. 그런 말이 당시 너무 신기했는데 막상 여기서 살아보니 어떤 말인지 알 것 같아."

로는 가만히 내 여행 이야기를 듣더니 "맞아, 내가 이곳에서 느낀 것도 네 말과 같다니까. 너도 super woman이고! 한국에서 태어났으니."라며 웃어 보였다.

나도 맞받아치며 응답했다.
"로, 너는 전생에 한국인이었나 보다! 아마도?"

그는 늘 긍정적이고 위트가 넘쳤는데, 곁에서 그의 모습을 마주할 때면 나도 모르게 편하게 웃게 되었다. 내가 지니지 못한 면모를 바라보는 것에 익숙지 않으면서도 우리 사이에 차갑고 뜨거운 온도 같은 것이 중화되어 마음의 둘레에 적절한 온기가 감싸 안는 듯했다. 우리는 가늠할 수 없는 방식으로 서로의 심부에 닿아 있었다. 언어의 장벽과 나이, 이해와 오해가 필요 없는 마음으로 그렇게 우리는 짧은 시간 많은 것을 아는 사이가 되었다.

산수화 병풍처럼 지리산 산맥이 구름의 높이로 펼쳐진 풍경을 바라보며 우리는 자주 이런저런 대화를 나눴다. 걸었던 나라와 지명, 숲길과 사람들 그리고 사유와 신념, 산의 정령과 메아리.

"심장을 진동하는 이 원천이 어디에 있는지 궁금한 거야. 우리는 그것을 듣기 위해 메아리를 따라가 보는 것뿐이야. 삶이라는 것은 알지 못하는 여정임이 분명하고, 우리는 저마다의 삶은 등반하게 되겠지. 잃지 않아야 할 것이 분명히 있어. 산은 우리가 그 길을 온전히 걸을 때까지 단지 침묵하고 있지. 그게 인간이 이곳을 오르며 배워야 할 언어야."

"로. 네가 여태까지 오른 산 중에 최고의 산은 어디였어?"
물으면, 로는 대답했다. "next mountain!"
늘 그 다음이 궁금하고 즐겁다는 그가 산 이야기를 할 때마다 나는 아이처럼 호기심 가득 경청했다.

'그는 정상에서 무엇을 보았을까. 어떤 환희와 감동이 산의 침묵과 함께 폐부를 휘감았을까.'
로의 선명하고 강한 눈빛을 읽을 때면 나도 모르게 심장이 떨려왔다. 그 무엇이 내 안에서도 소리를 내는 것처럼, 그의 언어는 내 안의 영혼을 깨워 꿈틀거리게 하는 것 같았고, 내가 잊고 살던 그 무엇이 내 안에 움트는 것 같았다. 그가 가는 곳이라면 어디든 동행하고 싶은 마음이 들었다. 그러나 말하지 않아도 우리는 또한 이미 알고 있었을 것이다. 함께 걷는 것이 아닌 혼자 걷는 것마저도 같이 걷는 것이라는 것을 말이다.

그런 다정한 그와 이곳에서의 만남이 오래 유지되지는 않았다. 유감스럽게도 나는 이미 마음을 굳히고 있었다.

나는 당시 깊은 고심에 빠져있었다. 내가 추구하는 삶과 현실의 격차 사이, 혹독한 가난과 알 수 없는 병과 함께 삶을 재정비 할 시기였다. 그렇게 마음은 어느덧 시골 생활을 접고 원래의 고향이었던 서울로 이주 결정을 앞두고 있었다. 당시 나는 신념이 자주 흔들려 나약해질 때마다 로를 만났다. 아니, 그때면 신기하게도 만나야 할 일들이 우리를 차곡차곡 연결해 주었다. 읍내에서, 혹은 우리 동네에서, 산동에서, 걷거나 강가에 앉아. 특별한 대화를 하지 않아도 그는 마치 나의 어두움의 모양부터 행복의 질감까지 다 알아주는 듯 나지막이 위로를 건네며 토닥여주었다. 마치 내 마음을 꿰뚫어 보는 신통한 재주가 있는 것처럼.

"마음은 변하지 않지, 다만 그것을 지켜내기 위해 시간을 멀리 우회할 수는 있겠지. 지켜내고픈 무언가를 위해 잠시 다른 삶을 살아도 괜찮아. 마음은 언제 어디에 있든 여기에 있으니까. 모든 것이 괜찮아질 거야. 너는 아주 강한 사람이라는 걸 나는 알아. super woman!" 그는 마지막까지 다정하게 말해주었다.

'나는 모국에서도 이렇게 헤매고 있는데 어떻게 너는 타향에서 이리도 당차게 살아가고 있는 걸까. 너는 내게서 무엇을 보았던 것일까. 이렇게 자주 무너지는 내게서 어떻게 강한 무엇을 보았다고 말하는 것일까.' 여전히 알 수 없었으나 그가 그런 말을 해줄 때면 나도 모르는 내 안에서도 무언가 강한 것이 있구나. 하고 위안이 되곤 했다. 그렇게 그는 내가 믿음이 사라져 갈 때마다 믿음을 확인해주었다. 그리하여 그에게 짧은 만남의 시간 동안 비밀스러운 이 삶의 내력을 자주 고해했는지도 모르겠다.

여느 날처럼 나는 로와 읍내의 서시천 밤 산책을 나섰다. 저 멀리 노고산 정상이 펼쳐진, 검은 능선을 바라보며 겨울바람을 가르는 바람 소리와 얼었던 물이 깨지는 개울물 소리 듣다가 로에게 문득 중대한 결심을 말했다. 눈을 바라보지 못하는 내 모습에 그는 이미 직감했을 것이다.

"나 곧 서울로 상경하려고. 가서 열심히 일도 하고 이제 세상 속으로 가려고." 말했을 때, 내심 놀랐겠지만, 주머니에 구겨 넣은 손을 빼내어 수염을 한번 쓸어내리던 로는 천천히, 그리고 진지하게 말을 이어갔다.

"음, 올라가서 네가 가진 특별한 그것을 표현해야 해. 네 안에 있는 강하고 커다란 무엇을 말이야. 네겐 설명할 수 없는 그것이 있어. 내가 한국에 왔을 때 이 땅에 매료되었던 것처럼. 네 강한 무엇을 어디서든 꼭 발휘하길 바라. 반드시 그리해야 해. 응원할 거야."

유난히 추운 날이라고 생각했다. 알 수 없는 감정이 솟구치자 나도 모르게 이를 악물고 걸었다. 그의 말을 들으며 무어라 대답하고 싶었지만, 울음도 아니고 웃음도 아닌 표정을 짓고 말아서, 그 순간 나는 어떤 말을 해야 할 것 같았는데 엉클어진 심경을 살피고, 많은 말을 침묵 안에 밀어 넣느라, 하얀 입김만이 새어 나오는 입으로, 마지막 인사를 하지 못했다. 우리는 말없이 걸었다.

'깊고 명명해진 밤의 깊이와 함께 세상 저 바깥에는 없는 우리만의 시간 속을 깊이 탐험했다는 것이 얼마나 소중한 여행이 되었는지, 너와 내가 지닌 마음의 결정체가 어떻게 서로 맞물렸는지, 발부터 끌어올린 비밀들과 진심을 입 밖으로 내기까지 우리는 또 얼마나 오래 혼자 살아갈지. 서로의 삶을 다 안아줄 수 없기에 우리는 자신의 간략한 줄거리만을 나눈 채 다음을 기약하며 또 헤어져 살아가야겠지.'

'잘 살다가 다시금 또 만나 사는 이야기하자, 잘 살고 있을게. 보고 싶을 거야, 함께 나눈 순간들이 많이 그리울 거야.'

얼마 전 로에게, 요즘 나는 내가 살던 그곳을 쓰고 있다는 소식을 전했다. 그는 자신의 이야기가 나오는 분량은 없는지 농담삼아 물었고, 나는 슬프게도 우리가 처음 만난 날이 기억나지 않는다고 말했다. 그러자 로는 정말 로답게 대답했다. "I may have met you in any other time before. Five thousand years ago in the windy overcast hills of Siberia" ("전에 너를 만난 적이 있는 것 같아. 5천 년 전, 바람이 부는 시베리아의 흐린 언덕에서")

그와의 대화 속에서 나는 갑자기 무언가 떠올라 〈잠들지 않는 세계〉 책을 다시 한번 읽어나갔다. 전에 만난 적 있는 것 같은, 누군가에 대해, 이미 전에 쓴 적 있는 문장을.
저마다 개척한 미지의 회로를 돌고 돌아, 마치 하나의 강으로, 바람으로 수렴되는 것처럼. 그렇게 한 계절 속에 피어난 꽃처럼. 아니 꽃의 향을 맡으며 우연히 우리가 나란히 걷게 될 어떤 운명 같은 것을 떠올릴 때면, 나는 내 눈앞의 우주가 너무나 거대하고 정교해 그만 다리를 휘청이고 만다. 얽히고 얽힌 이 우리의 삶을, 한평생 어떤 방식으로 설명할 수 있을지.

우리는 태초에 소리였는지, 몸이었는지 묻지 않아도
세상의 모든 넋은 서로를 알아보며 다가온단다.
침묵의 진동이 숲에 울려 퍼지면
영혼은 가던 길을 멈추고
영영 주저앉아 뿌리내리기도 한다.
우리는 그곳을 가야 한단다.

마음이 태양 볕을 받으면 서서히 선명해지는 윤곽을 만들며
다 다른 얼굴로 서로의 노래를 옮겨 다니는
숲으로, 마을로.

노래와 노래가 만나 화음을 이루면
혼몽에서 깨어난 아이들처럼
우리의 눈동자는 잃어버린 빛을 되찾고
서로를 맑게 비추기도 하였지.
우리는 그렇게 만났었지,
사람으로, 영혼으로.

〈잠들지 않는 세계〉 중에서

이 길을 걸어본 자의 손금이 궁금하다.
그 손금을 맞대어 보고 싶다는 생각도,
그 손을 꼭 쥐고 걷는 이 밤도,
잃어버린 단 하나만의 촉감도,
누군가가 나를 향해 손을 펼친다면
손을 잡는다는 것은 그 길을 걸어보겠다는 결기이니
긴 긴 밤이 찾아오면 영원을 여행하자,
이른 아침 사람들이 깨어나
다시금 우리가 세계의 귀퉁이에서
아무도 모르게 넘겨질 때까지
달이 서서히 다가오면
우리 다른 세계의 눈을 열고 다시 만나자.

〈잠들지 않는 세계〉 중에서

과거와 현재를 이어주는 통로 같은 친구는 여전히 그때나 지금이나 산으로 둘러싸인 산간 마을의 같은 집에서 살고 있다. 한동안 바쁘다 보면 소식이 없다가도 그는 문득 문자로 산 사진들을 보내주곤 했고, 여전히 거기서 무언가를 추구하며 잘 살아가고 있구나, 유추했다. 우리는 종종 서울에서 만나 그간의 안부를 주고받곤 했는데, 시골에서 홀로 산을 타며 사는 그는 요즘 또 다른 꿈이 생겼고, 자신이 다녀온 산을 그리고 있다고 전했다. 그리고 그간 자신이 보아 온 것들을 이제는 모두가 아는 언어로 표현하고 싶다는 말도 했다.

"그림 그리는 건 쉽지 않아. 산을 타는 것보다 더. 때로는 온종일 흰 여백만 바라보곤 하지. 정신을 온통 붓끝에 모아야 하는데 가끔 이러고 앉아 있으면 미칠 것 같다니까. 그러나 이보다 좋은 언어는 없는 것 같아. 그림은 인간이 표현하는 일 중에서 가장 멋진 일이야. 정신을 다루는 일은 이토록 섬세하고 신성한 일이지, 기도처럼." 나는 그의 말을 들으며 내가 글을 쓰고자 했던 마음이 떠올라서, 여전히 우리는 닮은 구석이 있구나 생각했다. 거대한 체구로 앉아 작은 붓으로 그림을 그리는 그의 모습을 떠올려보지만,

잘 상상이 되지 않아 피식 웃으면서, 나는 그의 습작들을 감상하며 앞날을 마음 깊이 응원했다.

거칠고 짙푸른 파도를 연상케 하는 하늘의 붓 터치와 그와 대조되는 잔잔하면서도 짙은 녹음의 개마고원 평원이라거나, 우뚝 솟은 미륵산 아래 모여 있는 작은 마을들, 논두렁을 혼자 걷고 있는, 빨간 원피스를 입은 북한 여인의 그림, 량강도 촌마을의 국숫집, 꽃밭에 다소곳이 서 있는 밀영 교사, 신양군 평안남도 어딘가에서 아이를 업고 자전거를 타고 지나가는 사람, 백두대간 남대봉의 그림들.

그렇게 그는 본 적 없고, 알지 못하며, 내가 직접 가보고 느낄 수도 없는 북녘의 그림들을 보내오곤 했다. 나는 그 그림을 보며 '그는 거기서 홀로 걸으며 무엇을 보고 무엇을 느꼈을까. 무엇을 말하고 싶었을까.' 상상해보곤 했다.

붓을 처음 들어본 사람처럼 그의 그림은 투박하고 거칠었으며 색감의 감각적 조화 없이 오색찬란했지만, 그가 표현하고자 하는 것이 아름다운 풍경만이 아니라는 것을 나는 잘 안다. 그가 지닌 폭발적인 내적 에너지와 자유로운 영혼이 작은 캔버스 안에 다 담기지 않는다는 것도. 그는 몸을 밀고 나가며 끝없이 오르던 산을 이제는 마음 깊은 곳으로 섬세히 옮겨 놓는 작업을 하는 것이다.
여기서 그리고 거기서, 우리가 제법 닮은 삶을 살아가고 있다는 생각이 멀리서도 큰 위안이 되곤 했다.

그런 그를 구례에서 재회한 건 내가 이곳을 떠난 이후 처음이었다. 이제 막 집 앞에 도착해 차를 세우고 있으니, 소리를 듣고서 슬리퍼를 신은 로가 급하게 나와 활짝 반겨준다. 종종 소식을 전했기에 오랜만에 그를 만난 것이 어색하지는 않았으나, 몇 개월이 지나 다시 만난 그는 그림을 그리다 고민이 늘었는지 주름이 조금 더 깊어져 있었고, 여전히 멋이라고는 전혀 없는 허름한 옷차림으로 나를 반겼다.

그는 오래전 살던 집에서 여전히 똑같은 모습으로 살고 있었다. 인테리어를 전혀 고려하지 않는 오랜 가구들, 어디서 얻어왔을 법한 생활용품들, 동네 노인들에게 받은 골동품 같은 식기구와 낡은 찻잔, 오래된 기기들이 그대로 집 안 곳곳에 자리하고 있었다. 한때는 내게도 익숙했던 이런 소담한 생활이 이제는 낯설게 느껴져서, 그간 내가 얼마나 도시인의 삶에 길들어져 있었던 걸까. 잠시 오묘한 기분이 들었다.

"정말 여전하구나. 너 진짜 나보다 더 한국인 같아."

로는 도시로 가더니 당시 시골서 살고 있을 때와는 달라진 나의 옷차림이나 외형에 웃으며 자주 멋지다고 놀렸다.

"로, 그간 변한 건 나뿐인 거 같아…." 멋쩍게 웃으며. 방의 곳곳을 둘러보았다. 없었던 그림들이 쿰쿰한 오일 냄새와 함께 사방의 벽에 가득 쌓여 있었다.

"와, 이 그림들이구나, 이렇게 살았구나, 열심히 살았구나."

그는 새로운 그림들을 설명하며 아이처럼 신난듯했다. 책장의 사진집을 가져와 오늘도 오래전 그때와 같이 그림과 풍경을 대조하며 내게 이야기를 들려주기 시작했다.

"여기 봐봐, 남녘에는 잘 알려지지 않은 두류산, 이건 백역산, 여기는 고대산 그리고…"

"북한에 있는 산들은, 오를 때, 험준하지 않았어?"

"신기하게도 북녘의 산은 남한과 달리 완만하게 이어져 있어. 정말 아름다운 고원이 펼쳐져 있지." 우리는 해가 마을을 모두 넘어갈 때까지 이야기를 이어 나갔다.

✧

저무는 노을 녘에 우리는 노란 산수유꽃들이 점차 주홍빛으로 물들고 있는 마을 주변을 산책했다. 돌계단을 오르고 좁은 길을 오르고, 염소가 우는 산사마을 평원에 서 있으니 적당한 바람이 감싸 안으며 불었다. 기분 좋은 공기라 생각하던 찰나, 로는 저편에 빙 둘러 있는 산을 가리키며 몸을 굽혀 내게 귓속말로 말했다.

"이곳에 사는 게 얼마나 행운인지 몰라. 봄에는 꽃들이 아래부터 위로 물들어 가고, 가을이면 단풍이 산 정상에서부터 아래로 내려와. 산의 화폭을 여기선 바라볼 수 있지. 봐 봐, 이제 시작되고 있는, 봄의 그림말이야."

서정적이고도 아름다운 말을 하며 저 멀리 바라보고 있는 그의 둥글고 푸른 눈이 어두워지는 풍경과 무관하게 반짝였다. 반짝이는 눈빛을 볼 때면 대화의 어느 지점에서 그의 마음이 윤활하는지 나는 알 수 있었다. 아름다운 풍경이라고 동조하며 나는 계속해서 그를 힐끔힐끔 바라보았다.

가늠할 수조차 없이 짙푸른 그의 눈을. '그 속에는 얼마나 높은 산이 있는지. 얼마나 다채로운 영혼이 잠겨 있을지.'

어스름이 내리자 로는 저녁 찬을 마당에 내왔다. 촌스러운 꽃 그림이 그려져 있는, 자기 그릇에 담긴 고봉밥, 삼겹살과 쌈장, 양은 냄비 속의 찌개, 푹 익은 김치와 고추, 깻잎, 마늘 그리고 산나물과 삶은 달걀. 마치 시골 할머니가 연상되는 푸짐하고 다정한 한식 상차림을 보며 미리 저녁을 준비한 마음이 다정해서, 나보다 더 한국인 같아서 나도 모르게 키득키득 웃었다.

우리는 모닥불을 지펴 식사하고, 캠프파이어를 했다. 타닥타닥 타들어 가는 마른 자작 소리를 들으며, 매캐한 연기가 바람에 날리면 종종 눈을 비비면서, 꺼지지 않는 불씨처럼, 지나간 옛 추억에 대해 오래 떠들어댔다.

그렇게 앞마당, 익어가는 보름달 아래, 밝은 평상에 앉아 봄 풀꽃 향기를 맡고, 풀벌레 소리를 들으며 우리는 뜬눈으로 밤을 지새웠다. 아침 여명이 슬며시 밝아오자 나른해진 기분과 함께 생각했다. 간혹 아니 자주 신비적인 체험이라 설명할 수밖에 없는 느낌이 현묘히 장악하기도 하는데, 이런저런 대화를 하다가 보면 서로를 깊이 관통하여 시간이 한없이 확장되기도 하고, 언어가 통하지 않더라도 손짓 발짓하다 보면 짧은 순간만으로도 한 사람의 인생을 통째로 만난 것 같은 날도 있는 것이다.
로와의 만남이 늘 그랬다.

그날 밤, 우리는 그런 대화를 나누었다.
"어떤 사람들은 마음을 꼭 잠근 채 현실을 살아가지. 모든 가능성도 말이야. 그러나 현실 속에 아무도 가두어 놓지 않아. 자신을 가뒀을 뿐이지. 그리고 거기서 절망하며 자유를 갈망해. 근데 웃기지 않니? 그들은 우리를 이상하다고 손가락질하니까 말이야. 모두가 반대하는 그 삶을. 진짜 삶을 살자. 행복과 자유는 거기 있으니까. 우리는 아주 잘 살고 있어."

아무것도 가두지 않는 마음을 걸어서일까. 이상하게도, 그 곁에서는 그랬다. 어떤 시간은 공명하는 사람 곁에서 다르게 흐르기도 했다.

하루 이틀의 깊은 대화 끝에 우리는 예감처럼 막다른 길로 멀어져 가고 있었다. 아니 나는 서둘러 떠날 채비를 하고 있었다. 매번 뒷모습을 보여주는 것은 슬픈 일이지만, 다시금 혼자일 수밖에 없는 우리의 운명 앞에서 용기 내 마음을 추슬렸다.

다시금 현실의 삶으로 돌아가려는 나와 안주하고 싶은 나 사이의 보폭을 넓혀가며 나는 매번 내가 속한 곳으로부터 기어코 떠나가고 마는 사람이다. 남은 자는 남은 것이고, 떠나는 자는 떠나야 하는 것이다. 그러나 바보처럼 나는 늘 떠나고 나서야 지독하게 그리워하는 사람이다.

헤어짐을 애써 담담해 하면서도 차창을 두드리며 "Good Luck!"이라고 엄지손가락을 치켜세우던 그의 마지막 인사가 어느 때보다 더 슬프게 다가왔지만, 나는 늘 매정한 표정으로 달가운 인사 한마디 못 한 채, 또다시 뒷모습을 보이고 말았다. 그처럼 마음을 잘 표현하지 못하는 자신이 줄곧 원망스러웠다. 마음을 드러내는 법을 배우지 못해서, 그래서 늘 무심한 척하지만, 실은 다 안다. 여기서 그리고 거기서, 혼자 남아 살아가는 삶이 어떤 건지, 갑자기 혼자된 빈집의 침묵이 얼마나 시끄러운 건지도.

그럼에도 우리는 계속해서 홀로 걸어가야 하는 존재들이라는 것도.

백미러 사이로 손을 흔드는 로가 점차 흐려지더니 더는 보이지 않게 멀어지자, 마음이 착잡해져서, 이상하게 뒤엉킨 이 마음에 대해 곰곰이 생각하며 도로를 내달렸다.

로와는 어쩌면 산 때문에 만났지만, 실은 우리가 계속 지속하는 마음의 연결고리는 외로움이 아닐까 생각했다. 외로움은 외로움이 잘 보이기 마련이니까. 마음보다도 더 깊은 고독, 그것을 지닌 사람만 구별할 수 있는 눈이 있으니까, 우리는 그래서 가까워졌을까, 혼자될 수밖에 없는 우리의 개별적 운명을 예감한 사람이라서. (그러나 내가 떠올리는 것은 많은 사람이 생각하는 이성 간의 감정이거나 마음의 공허에서 오는 그런 외로움의 형태와는 사뭇 다르다)

어쩌면 그런 방식으로 우리는 우리를 가장 잘 이해하고 있는지도 모른다고 생각했다. 무모함도, 나약함도, 모자람과 슬픔마저도. 우리는 잘 안다. 마치 거울을 바라보듯 어디선가 닮은 방식으로 살고 있을 서로를, 너무나 잘 들여다보이기에 외면할 수 없는, 우리의 삶의 색채 말이다.

나는 늘 차가운 표정이지만, 그리움만큼은 누구보다 큰 사람이기에, 그가 내 마음속에 들어와 오래오래 살아가기를 바랐다. 시간이 흘러 다시금 벚꽃이 피고, 꽃향기가 어지러이 길가에 넘어지고, 그 길을 걷다가 그리움도 넘쳐흐르면 그때 또 찾아갈 것이다.

저 멀리 손을 흔들고 웃고 있을 그가 자세히 보일 때까지, 웃으며 가까이 다가갈 것이다. 그러는 동안 우리는 무언의 약속을 오래 가슴에 지닌 채 살아갈 것이다.

홀로 가야 할 길을 믿어주며 저마다 완주해야 할 인생의 길을 무쏘의 뿔처럼 당당하게 걸을 수 있도록 서로 멀리서, 각자의 자리에서, 또 기꺼이 가까운 마음으로 오래 응원해 줄 것이다.

어쩌면 우리는 없는 것에 대한 막연함만으로 여백의 날들을 살아가고 있다는 생각이 든다.

보이지 않는 끌림에 의해 떠돌아다니는 듯한, 마치 누군가 거기 있을 것이라는 막연하고도 추상적인 예감, 알 수 없어 여전히 무엇으로만 남아 있는, 그리움의 무풍지대. 누군가를 찾다가, 무언가를 기다리다가 모든 것을 기다릴 것도 같은, 길고 긴 몽유의 밤.

텅 빈 예각의 뒤안길에는 귀가하지 못한 발길이 멈춰 서 있고, 깊은 밤의 문을 열며 우리는 무언가 탐험한다.
서로를 배회하다 불현듯 한 사람이 이곳의 옷자락을 스칠 때, 비로소 여행이 시작된다.

아무도 모르는 시차 속에서 서로의 투명한 몸들을 나누어 가지고, 우리는 우리를 모르게 다른 세계에 눈을 뜨며 다시 흩어질 것이다. 오랜 달밤 아래 맺지 못한 기약들이 다시금 우리의 발들을 재촉하니.

〈달빛에 기댄 시간에 남아 있는 것〉 중에서

사라지는, 살아지는

11

―사는 게 그냥 알 수 없는 의문으로 산다는 것도, 그냥, 그 말 속에 실은 모든 게 들어있다는 것도.

어둠이 새처럼 날아와 착지한다. 그러면 누군가의 가슴에 날개가 돋아난다. 연유도 모르게 마음이 날고 싶은 밤에는, 떠나간 새가 돌아와 긴밀히 소문을 옮기는 듯, 아니 가장 멀리 날아간 새가 그다음 생을 만들고 있듯, 어느 작은 빈방에 날아든 홀씨도 있는 것이어서, 누군가의 가슴에 막 피어오르려 하는 그것이 오래된 질문일지라도 당신은 바람을 맛보며 불현듯 혼자 남은 어둠 속에서 혼자 묻고 혼자 대답하게 될 것이다.

실로, 어떠함 만으로 만개한 밤이다.

아주 멀리 사는 내가
만나지 못하는 내가 있다고 하자,
그 몫을 살아낸다고 하자.

〈잠들지 않는 세계〉 중에서

도시에는 기다리고 있는 현실의 삶이 있고, 나에게 주어진 여행의 시간은 이제 끝나가고 있었다. 나는 로와 헤어진 마지막 밤, 선명한 보름달이 간절해 다시금 압록유원지를 찾았다.

이곳은 누군가에게 하나의 지명 뿐이기도 하지만, 내가 살았던 마을이기도 하고, 한때는 내게 삶이었던, 과거이기도 하다. 이곳은 돌아온 사람과 떠나는 자가 만나는 장소이기도 하다. 한참을 달려 느지막하게 도착한 강변은 여전히 다른 여행객들의 쉼터가 되어주었고, 가는 것과 오는 것이 교차하는 시간의 쓸쓸함이 강물을 타고 도착한 찬 바람과 함께 너울졌다. 남은 벚꽃잎은 마음 구석구석 마지막 향기를 숨기며 떨어지고 있었다. 가는 시간과 오는 시간 사이, 만감이 교차했다. 가고 있는 나와 오고 있는 나 사이에 멈춰 있는 나는 얇은 꽃 갈피처럼 흔들거렸다.

내가 떠나온 그리고 나를 떠나간 사람들을 한둘 떠올린다. 언젠가 만나야 했고, 한때는 만났으며, 또다시 흩어질 수밖에 없었던, 마음속 이들은 여전히 내 깊은 심부에 살아가며 같은 말을 반복하고 있었다. 무언가 잊지 말고 살아가라고.

아마도 나는 그 말의 힘으로 살아가는 것 같다. 이들이 남기고 간 마음의 잔흔과 선한 동력으로 한 걸음씩 살아가고 있는 것 같다는 마음이 자꾸만 든다.

지난 시간을 되감아 본다. 걸었던 길과 한 땀 한 땀의 고민과 한 걸음 한 걸음 내디뎠던 용기를. 그렇게 걸었던 길 위에 마주한 많은 발자국을 떠올려본다. 한때는 살아본 적 있는 기억의 얼굴과 무수한 뒷모습을. 표정 앞에는 일말의 희망과 절망들, 불안과 용기와 미약한 의지의 등 뒤에는 또 얼마나 커다란 위태로움이 놓여 있었던지.
그러나 그것밖에는 못 걷냐고 다그쳤던 시간을 지나 이제는 이만큼 와 있다. 뒤돌아보면 참으로 멀리 걸어와 있다.

그때 이후, 삶은 또다시 여러 갈림길로 나를 유도했다. 선택되지 않은 길 위에는 여전히 마당에 나가 농사를 짓는 내 모습도 있고, 수행자가 되어 더 깊은 산골로 들어가 기도하는 나도 있고, 다시금 해외로 나가 방황하는 나도 있고, 어디선가 열심히 직장을 다니는 나도 있겠지만, 매 순간의 결정 속에서 어려움에 봉착하기도 했겠지만, 당시의 신념대로 한 걸음 한 걸음 마음을 따라 걸어 현재의 모습이 된 나는 오래전 그녀가 원했던 대로 도시에서 글을 쓰는 사람이 되었다. 운명은 한때 내게 삶이었던, 아름다운 순간들을 기록하라고 지시했고, 현재의 나는 활자를 더듬던 손끝을 자주 멈춰 세우고 스쳐 간 이들의 목소리를 들으며 받아 적는다. 모든 순간 마음만은 변치 말자고 되뇌면서.

시간이 한참 지난 후, 그날의 추억은 내가 타성에 취해. 혹은 환경에 의해 잠시 어디론가 끌려가더라도 뒤돌아볼 이정표가 되어주었고, 다른 마음을 먹지 않도록 큰 나무가 되어주었다. 가끔 도시의 삶이 고단할 때는 쉬어가는 그늘이 돼 주었다. 그리하여 나는 자주 나무 그늘에 앉아 듣는다. 기억한다. 잊지 말아야 할 단 하나의 것이 무엇인지를.

다시금 여기 놓인 무수한 갈래 길을 바라본다. 삶은 지금도 내 앞에 광활한 길을 펼쳐 놓았고, 나는 또다시 어디론가 걸어나가야 한다. 앞으로도 수많은 삶의 기로에 서서 망설일 것이다. 그러나 이제는 두려워하거나 겁내지 않을 것이다. 우리는 미래를 자의로 결정하거나 선택할 수 있으며,

의지와 용기에 따라 지금보다는 더 나은 삶으로 한 걸음씩 전진할 수 있기 때문이다. 어떤 삶으로 향하더라도 삶은 언젠가 내가 지향하는 곳에 나를 데려다줄 것이다.

그러나 유감스럽게도 시간은 되돌아가는 문이 없고, 아무도 과거로 향할 수 없다. 시간은 결코 뒤를 돌아보지 않는다. 살아갈 날보다 살아온 날이 많아질수록 그 점이 가끔 나를 슬프게 한다.

그럼에도 우리에게 주어진 이 삶의 갈림길에서 마음을 따라 나아가는 것이 중요하다. 되돌아갈 수 없다는 사실이 우리에게 후회를 남길 수 있기 때문이다. 어디로 걷더라도 결코 잘못된 길은 없을 것이다. 나는 계속해서 눈앞에 펼쳐진 길들을 다 걸어보고 있다. 닿지 않는 곳까지도, 단지 후회하지 않기 위해, 그 과정이 혹독하더라도 나는 후회하는 것이 세상에서 가장 두렵기 때문이다.

*세상과 세상의 모든 문을 노크하고 삶과 삶이 머무는 모든 통로를 지나갈 것이다. 조금은 더 격정적으로, 격정적으로 더 많이 웃고 울며 감동하고 살아갈 것이다.

* 〈사라지는, 살아지는〉 중에서

과거의 나를 현재의 내가 가만히 바라본다. 깊어가는 풍경 속에서 흐르는 강물 소리를 들으며 여행이 끝나감을 실감한다. 여전히 푸른 등을 드러내며 팔딱이는, 힘센 기억을 이제 마음에서 놓아줄 때가 되었고, 이제 나는 떠나가도 좋겠다고 생각한다.

가만히 흘려보낸다. 더 이상 내가 모르는 시간으로, 깊어져 가는 어둠의 강물과 함께 이제, 나는 과거를 떠나보낸다. 계절을 닮아 피고 지는 삶을. 여기 단단하고 싱그러운 풍경들과 함께 나는 서서히 퇴장할 것이다.

얼마나 오래 앉아 있었던 걸까, 아무것도 눈에 보이지 않는 깊은 어둠 속 저편에서부터 서서히 주변이 환해지고 있는 듯했다. 검은 강물은 한 마리의 은어처럼 물비늘이 도드라지다가 굴곡을 만들며 헤엄쳤다. 나지막한 산 위에 거대한 달의 이마가 조금씩 보였다. 먼 곳에서 막 도착한 것이 산을 밟고 기어올라 정상에서 완전히 일어섰다. 커다란 보름달이 내 앞에 멈춰 서 있었고, 마치 배웅하는 것처럼, 설명할 수 없이 아름답고 몽환적인 장면 속에서 나는 생각을 잃고 잠시 빠져들었다. 가만히 다가와 얼굴을 말갛게 씻는 달빛을 바라본다. 그 빛으로 모든 걸 씻겠다는 각오와 결기처럼. 깊어져 가는 밤하늘 정수리 위로 커다란 북두칠성 그리고 별빛의 사이사이 새소리와 강물 소리. 내가 좋아하는 은은한 새벽의 낯빛 속에서 점차 뚜렷해지는 달의 눈동자를 바라본다. 내 눈 앞에 펼쳐진 동화의 한 장면을 바라본다. 오늘을 잊지 못할 것이다.

아름다운 추억은 과거만이 아니라 여기 내가 있는 이 현재에서도 함께 가자고, 시간과 함께 흘러가자고, 말해주는 듯해서, 나는 심장 위에 손을 올려놓고 이 장면을 오래오래 바라보았다. 어쩌면 이 순간의 감동스러운 장면을 만나기 위해 나는 너무나도 깊은 어두움 속을 헤치고 왔구나, 긴 시간을 돌아왔구나. 하고 생각했다.

*모든 빛나는 것들은 저렇게 망망대해와 험준한 고개를 넘어온다. 모든 빛나는 것들을 보기 위해 나 역시 막막 심산과 고난을 넘어왔다. 서로가 서로를 알아보는 마음이 모두 잠든 밤하늘 위로 아롱대며 빛이 났다. 발끝만 보며 걸어왔

*《리타의 정원》 중에서

던 지난날을 일으켜 세우고 고개를 들면, 눈물이라 쓰고 싶은 것들. 어두웠기에 더 영롱한 삶의 광채들.

그리고 나는 일 년 뒤, 이 페이지를 완성하기 위해, 마지막 날 밤의 여행지를 다시 찾았다. 2021년도 봄, 벚꽃이 흐드러지던 강가에, 2022년의 봄이 앉아 있었다. 그때와 같은 장소에서, 마중 나온 달을 바라보며 나는 이 글을 마친다.

한여름 밤의 꿈 같은 짧은 생이 있다.
실제라 할 수 없을 만큼 빠른 유속의 하루와
실체라 할 수 없을 만큼 낡아가는 육체가 있다.
눈앞의 풍경은 태초의 것과 닮았고,
의미 정도는 없어도 무관할 고요를 닮았고,
어쩌면 믿고 싶은 영원과 남기고 싶은 마음이 있지만,
잡을 수 없는 것은 손가락을 통과하는 바람에서 읽고
순응하는 것은 떨어지는 꽃잎에서 느낀다.

내가 아는 건 내가 아직 존재한다는 것과
언젠가 존재하지 않을 것이라는 사실뿐이겠지만,
할 수 있는 일은 그럼에도 불구하고 나는 살아가는 것.
내 안에 머무른다는 것과
마음이 움직이는 방향을 걷는다는 것.
그리하여 걷는다. 알 수 없는 채로 걸어야만 한다.

〈사라지는, 살아지는〉 중에서

— 정의 내릴 수 없다고 그때 너는 말했지.
앞으로 우리는 무언가 찾아가는 것이 아니라
이미 가지고 있는 목소리를 들어야 한다고.
그 소리가 제 안에 홀로 울려 퍼지더라도,

나는 네게 웃으며 모르겠다고 했어,
도무지 무슨 말인지, 모르겠다고 했어.

먼 여행에서 되돌아와 그것을 알게 되었어,
영문도 모른 채, 육신에 울려 퍼지는 이것은,
나를 잘 들어달라는 나의 울음이니.

걸어 들어오는 것은 없어도 묻어나는 얼룩은 많아서 그림자는 기우는가 보다. 이런 생각들로 가버린 날들을 세어 보면 가버린 날들을 따라가다 영영 돌아오지 못한 날들까지도 함께 넘어지고 만다. 신발은 울지 않지만, 밑창엔 숨은 지도가 많아서 그것을 따라 걷다 보면 계절이 몇 번이나 바뀌어 있곤 했다.

꽃향기를 따라가다 보면 먼 길을 헤매기도 한다.

꽃 지기 전에는 잃은 길을 돌아.나와야 한다.
꽃들이 여기저기 흩날리는 계절에는.

봄이면 도심에서도 꽃들이 어지러이 피어났고, 나는 앞을 보며 바삐 길을 걷다가도 갑자기 코끝을 노크하는 은은한 향기를 맡곤 한다.

길가에 피어난 작고 흰 꽃의 향기를 맡았을 때, 불현듯 어느 거리에서, 어느 골목에서, 어느 길목에서, 누군가에서, 어느 기억의 품에서 맡았던 내음이 허락 없이 내 몸을 관통하곤 하는데, 최면에 걸리듯 꽃 향을 따라가다가, 문득 잊었던 것들을 마주하게 되는 것이다. 마치 과거의 비밀번호를 기억해 내듯, 사수만 그날에 당도하여 되돌아 나오지 못하는 길에 빠지곤 하는 것이다.

꽃이 떨어진다. 꽃잎의 발자국을 따라 향기가 떠오른다. 완전한 하나로 피었었던 나의 한때가 떠오른다. 한때는 전부였던 것들이 완전히 시들어 버리지는 않았음을 상기한다.

봄볕 아래, 떨어지는 꽃과 꽃 사이에도, 이제 막 문턱을 넘은 시간이 있고, 혼자만 들어가야 하는 기억이 있고, 그 누구도 함께 갈 수 없는 과거가 있다.

벽에 짚은 채 서서히 어두운 통로를 걸어 들어가는 길은 외롭고 애틋하다. 저 멀리 보이는 하나의 빛처럼 어떤 장면은 나를 안아주기 위해 꼭 기다려 줄 것 같다.

이곳은 어디인가. 이곳은. 이제 더 이상 그런 혼란과 함께 당혹해하지 않는다. 내가 살았으며 내가 살아갈 세계, 그리고 이제는 나 없이도 스스로 자립한, 어떤 푸르게 명멸하는 계절이 너무 멀거나 너무 가깝지 않은 간격 속에서 함께 하고 있다는 사실을 알기 때문이다.

꽃이 피는 봄이면 나는 자주 꽃향기에 걸려 넘어지고, 추억에 빠지다가, 가던 길을 멈춰 뒤돌아보게 된다. 꽃 지기 전에는 길을 돌아 나와야 한다.

꽃들이 여기저기 흩날리는 계절에는.

글을 마치며

12

나는 어떤 느낌을 대면하고 있다. 여기 내 앞에 펼쳐진 삶이 나에게 들려주는 목소리와 육체에 각인되기도 전에 떠나가는 잔상 같은 것. 사라짐으로써 살아지는 것. 다시금 최초가 되어버린 것. 아무것도 없음만이 명징하게 남아 있는 것. 그리고 발설함으로써 성질을 완전히 잃은 그것.
모든 순간순간 마주했던, 잠시 내게 삶이었던 것.

그것을 어떻게 표현해야 할지 모르겠으나 단순하게 말하자면 마치 애증의 관계 같다. 고백하는 순간 이미 저 멀리 사라지고 마는 마음 같은, 시작하는 동시에 끝을 예감할 수밖에 없는, 그리하여 결국 사라졌으나 이제 오래 가슴에 품은 떨림 같은 것 말이다.

―믿음들, 믿었기 때문에 불신했던 것들, 떠났기 때문에 남겨진 것들, 남겨진 채로 떠나는 것들. 이 서성임은 존재의 흐름 위에서 무성의 몸짓으로 흘러간다.
내가 나라고 오인했던 모든 시간이 나를 변두리로 밀쳐내며 외롭게 한다. 나는 얼마나 나에게서 멀어져 가고 있는 건가.

한때, 나였던 믿음은 어디로 가는 걸까, 성상 앞에서 밤새 기도를 올리던 신자 같던, 그토록 간절했던 마음은?

껴안지 못하는 풍경을 향해 뻗었던 두 손과 가지런히 무릎을 꿇은 다리를 일으켜 세우고 이제는 등을 돌려 나를 겨냥하고 있는 삶과 죽음, 한 번도 안아본 적 없는 이 내부의 촉감, 한 번도 느낀 적 없는 세계의 온도 앞에서 나는 이제 어떤 자세로 나아가야 하나.

〈쓸 수 없는 문장들〉 중에서

글을 쓰다 보면 나보다 먼저 도착하는 장소가 있다. 원래 쓰려던 것과 전혀 다른 시간과 공간, 거기서 파생된, 알 수 없는 미로를 걷다가, 부서지고 흩어진 단어를 하나하나 공들여 줍다가 한 문장씩 연결해 보면 전혀 내가 생각하지 못한 과거가 완성된다. 이 책은 그렇게 쓰였다.

애초에 주제도 기획도 없던 글. 글을 쓸 때는 형식에 가두지 않는 편이다. 모든 이야기는 쓰는 것이 아니라 자연 발생적이다. 단지 어떤 목소리가 먼저 나를 찾아갈 것인가 따라가다 보면 기억의 순서는 이따금 뒤바뀌고 다시 재정렬된다. 머리가 아니라 가슴이 찾는 것을 따르다 보면 문장은 어딘가에 나보다 먼저 가 닿게 된다. 간혹 당혹스러울 때가 많아서, 나를 데려다 놓은 장면 앞에서 자주 한숨을 쉬곤 한다. 이 책은 그렇게 왔다.

실은 쓰는 날보다는 이 글을 출간해야 하나, 에 대한 고민이 더 깊었다. 무작정인 이것을 글이라 부를 수 있을까. 모르겠다. 단지 쓰면서 아. 그랬구나. 그랬었지. 하고 마음을 여러 차례 쓸어내렸다.

전혀 예견한 적도, 예측한 적도 없던 글. 내가 쓰고자 마음 먹었던 시초는 실은 바다에 대한 글이었으나 이 글은 다시금 흰 여백에 자신의 영역을 넓혀가며 바다를 지워나가더니 무턱대고 작은 정원에 나를 앉혀놓았다. 어쩌다 보니 지난 과거의 유년 시절까지도 다녀왔다. 하나의 이야기를 풀기 위해, 어쩔 수 없이 고백할 수밖에 없던, 어린 시절의 아이는 더 이상 울지 않지만, 말하고 싶지 않은 비밀 정도는 모두 여러 개 있지 않나. 그런 걸 공개하는 일은 여전히 두렵다. 그러나 이미 글은 왔고, 이미 쓰였으므로.

맴돌고 주저하다가도 또다시 샛길을 만드는 잃어버린 시간을 찾아 먼 여행을 다녀온 기분이다. 누군가 이 문장을 마주하게 된다면 부족함마저도 따뜻하게 품어주었으면 하고 바란다.

(쓰는 게 애틋한 이유를 생각해 보니 글도 삶도 예견할 수 없이 세상에 나온 동류의 것이기 때문일까, 무심코 내던져진 당혹스러움의 공감대 때문일까. 문장은 마치 내가 태어난 연유와도 비슷한 것 같다. 글과 생의 운명이 이토록 닮아서, 갸륵해서 오래 들여다보게 되는 것일까)

이 글을 읽으며 누군가는 나의 우울한 성장기를 연민하지 않았으면 좋겠다고 생각한다. 나는 그리움의 힘으로 살아가고 또 때로는 부재의 힘으로 살아간다. 그 힘은 나를 더 강하게 한다. 그것이 슬프고 무거운 감정이라는 비약한 편견이야말로 한 사람을 정말 슬프고 무겁게 만드는 일이다. 나는 충분히 그립고, 충분히 반성하면서 미래를 바라보는 현재이고, 하나의 삶을 더 획득한 여유로움이기 때문이다. 무의식의 그리움을 좇는 행위는 나를 계속 쓰게 한다.

하고 싶은 이야기가 너무 많지만, 언젠가 다시금 그 무엇이 쏟아져 내릴 때까지, 기다려봐도 좋을 것이다. 그리고 당분간은 앞으로 겪어갈 새로운 삶을 충분히 체화하며 지내려 한다.
우리는 저마다의 동화가 있는 삶을 살아갈 것이다. 하나의 몸으로 어디까지 살아볼 수 있을까. 나는 그런 것이 궁금하다. 아직은 내게 쓸 이야기가 많이 남아 있다는 것과 또 앞으로 쓰여질 이야기를 위해서, 나는 여전히 글보다는 삶을 더 믿어보려 한다. 마지막으로 말하고 싶다.

무엇을 쓰고자 하는가에 관한 질문에 대한 답은 늘 하나다.

살아 있는 것. 살아왔었고, 살아갈 것.
그것만이 살아남을 것이라 믿는다.

나는. 아직 나의 절반밖에 채우지 못한 까닭에 나의 글은 시작되지 않았다.고 마친다. 언젠가는 그것을 써야겠다고 생각한다. 먼 훗날, 내면에서, 어떤 명징한 메아리를 듣는 날에.

한때 내게 삶이었던

Rita's Garten

지은이 © 안 리타
메일 an-rita@naver.com
펴낸곳 홀로씨의 테이블

1판 1쇄 발행 2022 년 05월 16일
1판 4쇄 발행 2025 년 03월 01일

ISBN 979-11-961829-6-0

이 책의 판권은 저자에게 있습니다.
책 내용의 전부 또는 일부를 이용하려면 동의를 받아야 합니다.